ALLE MEINE ENTCHEN

ARTGERECHTE HALTUNG UND PFLEGE

Foto: Nathalie Photography/Shutterstock.com

*Marion Bohn-Förder
und Michael von Lüttwitz*

ALLE MEINE ENTCHEN

ARTGERECHTE HALTUNG UND PFLEGE

avBUCH

Titelbild: Michael von Lüttwitz

Autor und Verlag haben den Inhalt dieses Buches
mit großer Sorgfalt und nach bestem Wissen und
Gewissen zusammengestellt. Für eventuelle Schäden
an Mensch und Tier, die als Folge von Handlungen und/
oder gefassten Beschlüssen aufgrund der gegebenen
Informationen entstehen, kann dennoch keine Haftung
übernommen werden.

Copyright © 2014 by Cadmos Verlag, Schwarzenbek

Gestaltung und Satz: Atelier Lehmacher, Friedberg (Bay.)
Fotos: Michael von Lüttwitz, sofern nicht anders
angegeben
Zeichnungen: Susanne Retsch-Amschler
Lektorat: Maren Müller

Druck: Himmer AG, Augsburg

Deutsche Nationalbibliothek – CIP-Einheitsaufnahme
Die Deutsche Nationalbibliothek verzeichnet diese
Publikation in der Deutschen Nationalbibliografie;
detaillierte bibliografische Daten sind im Internet über
http://dnb.ddb.de abrufbar.

Alle Rechte vorbehalten.

Abdruck oder Speicherung in elektronischen Medien
nur nach vorheriger schriftlicher Genehmigung durch
den Verlag.

Printed in Germany

ISBN: 978-3-8404-3025-1

INHALT

8	*Einleitung*
13	*Gefiederte Wegbegleiter*
14	Wie Enten ticken
17	Das Wesen der Enten
18	Wie man mit Enten Freundschaft schließt
20	Welche Entenrasse soll es sein?
45	*Was Enten sich wünschen*
46	Der Entenauslauf
50	Enten brauchen Wasser
53	Der Entenstall
56	Liebe geht durch den Entenmagen
63	*So klappt's mit dem Nachwuchs*
64	Die richtige Zuchtkondition
64	Die Befruchtung
67	Das Nest
68	Die Bruteier
71	Kunst- oder Naturbrut?
72	Die Naturbrut
76	Die Kunstbrut
85	Die natürliche Aufzucht durch die Ente
87	Die künstliche Aufzucht
91	Ente oder Erpel?

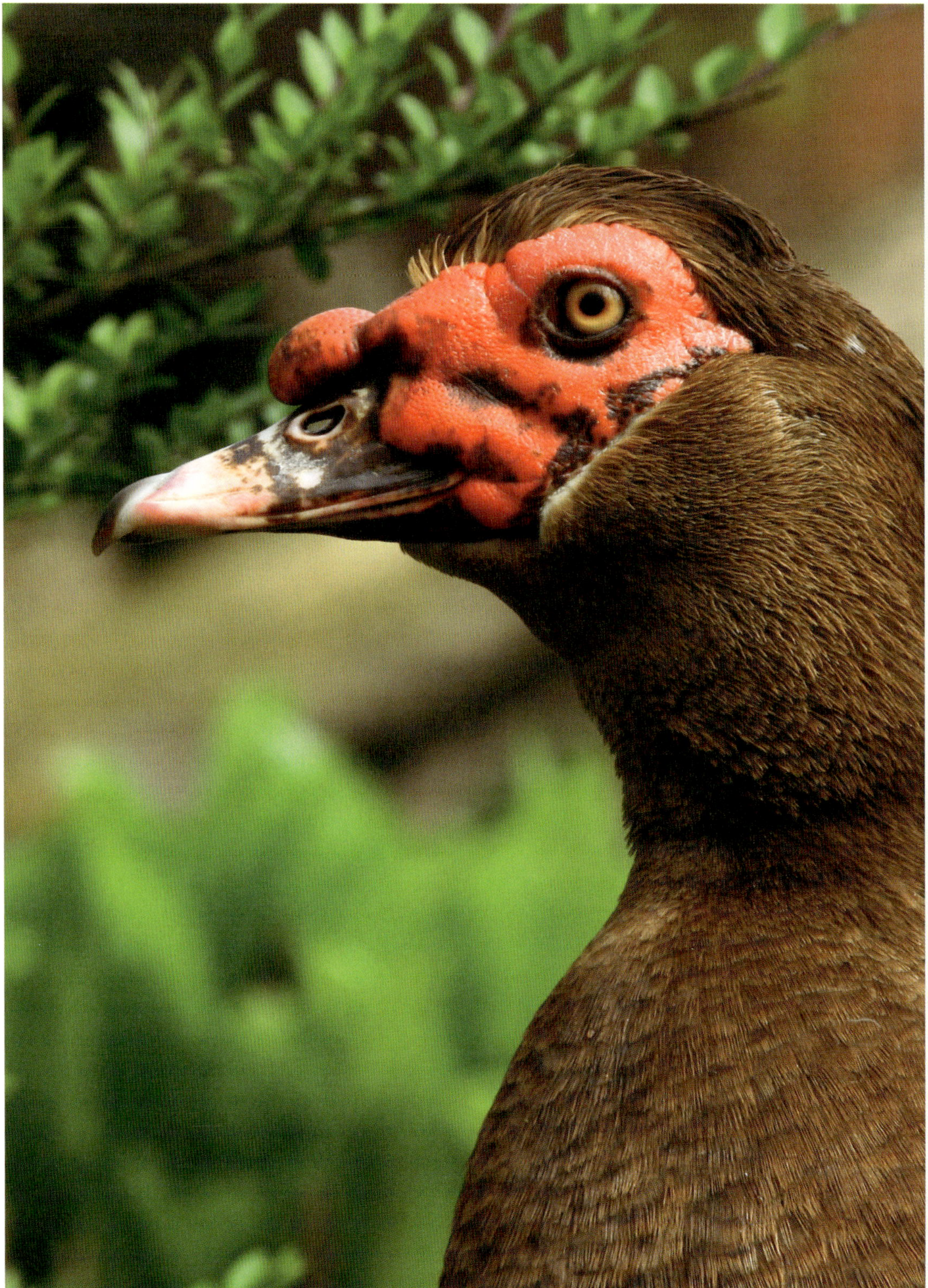

Fit und gesund durchs Entenleben

93	
94	Glückliche Enten leben gesünder
94	Damit den Enten nicht der „Kragen platzt"
94	Tierkauf ist Vertrauenssache
96	Was tun bei Kipp- oder Hängeflügeln?
97	Inzucht vermeiden
97	Hygiene ist das A und O
98	Schädliche Untermieter
98	Der tägliche Gesundheitscheck

Hilfe, meine Ente ist krank!

101	
102	Viruserkrankungen
105	Bakterielle Erkrankungen
113	Pilzerkrankungen
115	Parasitäre Erkrankungen
118	Verletzungen
120	Kropfverstopfung und Schlundverstopfung
120	Vergiftungen
122	Wenn Enten Federn verlieren

Anhang

124	Was Sie noch wissen sollten
125	Danke
126	Literatur/Adressen
127	Stichwortregister

EINLEITUNG

Foto: Ariene Studio/Shutterstock.com

EINLEITUNG

Sie lieben Enten, möchten sich eigene anschaffen und wollen wissen, was sie alles brauchen, um glücklich zu sein? Oder Sie besitzen schon Enten und benötigen nun den einen oder anderen Rat? Vielleicht sind Sie auch ein Freizeitornithologe, der mit Hingabe das Verhalten verschiedenster Vögel studiert und gern darüber liest. Was immer Ihr Beweggrund sein mag – Sie suchen jedenfalls Infos über Hausenten, die nicht in Form einer hochwissenschaftlichen „Doktorarbeit" daherkommen, sondern praxisnah und in einer auch für Einsteiger leicht verständlichen Form. Wir versichern Ihnen: Sie sind fündig geworden! Und wir freuen uns über Ihr Interesse an unserem Buch und an den Enten. Tauchen Sie mit uns ein in die Welt dieser sympathischen Wasservögel, und lernen Sie die „Quaker" und ihre Bedürfnisse genauer kennen.

Enten leben schon sehr lange mit Menschen zusammen. Bereits vor 3000 Jahren erfolgte die Domestikation wilder Stockenten in Europa und Asien. Während Hausenten früher vorwiegend als Nutztiere gehalten wurden, erfreuen sie sich heute eines höheren Stellenwerts – sie sind beliebte Haustiere. Immer mehr Menschen, die in ländlichen Gebieten leben, entscheiden sich für Hausenten, weil sie zum Landleben dazugehören. Aus diesem Blickwinkel wollen wir die private Hobbyentenhaltung hier betrachten, denn was gibt es Schöneres, als die liebenswerten Vögel täglich live vor der eigenen Haustür zu sehen und mitzuerleben, wie flauschige Entenküken langsam zu bunt befiederten Vögeln heranwachsen! Mit etwas Glück kann man sogar beobachten, wie ein Küken aus dem Ei schlüpft. Und eines ist gewiss: Eine Küken führende Entenmutter ist ein besonderes Erlebnis, gerade für Kinder. Es ist rührend, wenn die Kleinen dicht aneinandergedrängt gehorsam ihrer Mutter folgen, ohne zu zögern mit ihr ins Wasser gehen, und dort flink untertauchen und manchmal auf den Rücken der Mutter klettern, um sich in deren Gefieder aufzuwärmen und auszuruhen.

Enten können unser Leben in vielerlei Hinsicht bereichern. Gerade in der heutigen schnelllebigen Zeit sind sie durchaus in der Lage, das alltägliche „Leistungskarussell", in dem viele von uns kreisen, für einige Momente zu stoppen, sodass wir mal aussteigen und etwas Zerstreuung finden können. Sei es wegen ihrer Gelassenheit, ihres schwerelos wirkenden Treibens auf dem Wasser oder ihres drolligen Watschelgangs – es macht einfach Freude, Enten zuzusehen. Ihr Anblick beruhigt, und wer sich ganz darauf einlässt, kann für kurze Zeit Kummer und Sorgen vergessen. Im Buddhismus wird die Ente nicht umsonst als Sinnbild für die Unterdrückung des Bösen angesehen.

Da Enten bei liebevoller Behandlung durchaus sehr zutraulich werden, ist die Entenhaltung außerdem ein Hobby, an dem sich die ganze Familie beteiligen kann.

Wir wünschen Ihnen viel Freude mit Ihren Enten!

Marion Bohn-Förder
und Michael von Lüttwitz

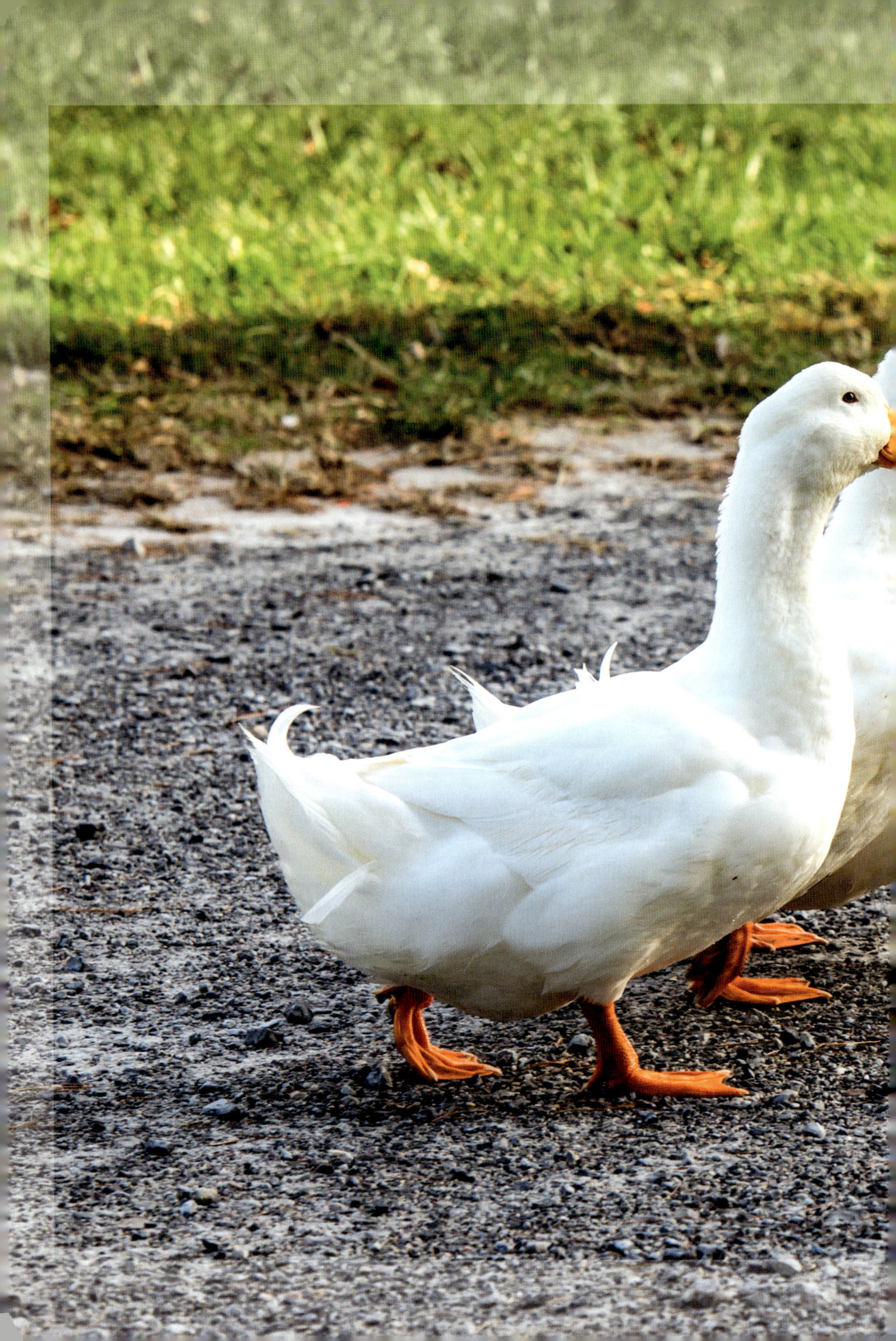

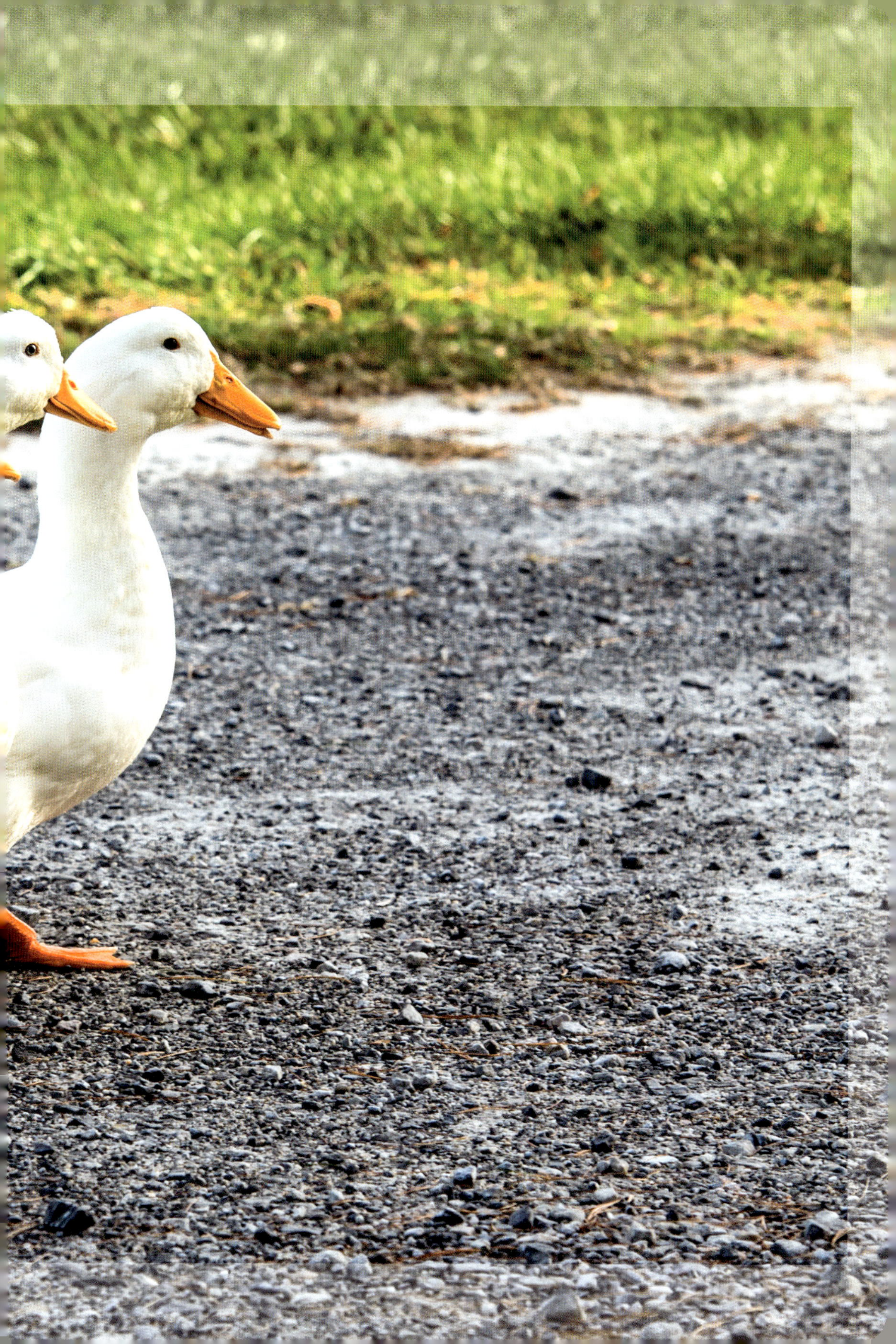

GEFIEDERTE WEGBEGLEITER

GEFIEDERTE WEGBEGLEITER

Weil wir Enten seit jeher überall begegnen, sind sie uns sehr vertraut. Die hübschen Vögel verschönern das Landschaftsbild und beleben Parks und Süßgewässer. Da ist es nicht verwunderlich, dass sie auf zahlreichen Gemälden zu sehen sind. Kein Dorfteich, Weiher oder Bachlauf ohne Enten, könnte man fast sagen.

Der Handel bietet schmucke Porzellan- oder Keramikenten an, die die Herzen von Entenfans und Sammlern höher schlagen lassen. Ob Tassen mit Entenmotiven, Blumentöpfe mit Entenkopf, Quietscheenten und andere Plastikenten für Kinder, Gießkannen in Entenoptik oder Trachtenmode mit aufgestickten Enten – die beliebten Wasservögel sind aus unserem Alltag nicht mehr wegzudenken. Der wohl populärste Erpel schlüpfte am 9. Juni 1934 aus einem Ei, das sein geistiger Vater Walt Disney in Form des Zeichentrickfilms „The Wise Little Hen" gelegt hatte. Donald Duck heißt der Bursche, der 1937 mit dem Film „Don Donald" seinen großen Durchbruch hatte. Seit 1967 werden die Abenteuer von Donald Duck und Micky Maus erfolgreich als lustiges Taschenbuch herausgegeben. Für viele von uns waren Donald Duck, seine Angebetete Daisy Duck, sein Vetter Gustav Gans und der geizige Milliardär Dagobert Duck aus der fiktiven Stadt Entenhausen unterhaltsame Wegbegleiter in Kinder- und Jugendtagen.

Foto: Digoarpi/Shutterstock.com

Wie Enten ticken

Anders als beispielsweise Gänse, die innige soziale Bindungen innerhalb ihrer Familie pflegen und ihre Jungen als Paar gemeinsam großziehen, bilden Entenmütter mit den Küken eine vaterlose Familie, denn feste Partnerschaften gibt es unter Enten nicht. Sie praktizieren die freie Liebe mit wechselnden Partnern. So kann ein Gelege durchaus mehrere Väter haben.

Die gefiederten Erzeuger ziehen von dannen, kurz nachdem die Weibchen ihre Eier abgelegt haben. Frei lebende Erpel tun sich mit anderen Männchen zusammen und gründen eine Art Männer-WG. Während die Herren der Schöpfung in den Tag hineinleben, kümmern sich die Enten fürsorglich um die Brut und Aufzucht ihrer Nachkommen. Alleinerziehende Entenmütter haben mit ihrer Rasselbande alle Flügel voll zu tun. Ständig müssen sie auf der Hut sein, denn Entenküken sind ein beliebter Snack für allerlei Raubtiere. Gottlob sind Entenkids sehr folgsam und weichen ihrer Mutter instinktiv nicht von der Seite.

Den Grundstein für diese intensive Bindung legt die Entenmutter um den Schlupfzeitpunkt, indem sie immer mal wieder stimmlich Kontakt zu ihrem Nachwuchs sucht. Die ungeschlüpften Küken nehmen ihr zweisilbiges, tiefes „Räbräb" durch die Eischale hindurch wahr, womit automatisch ihre Prägung auf die Mutter beginnt. Vernehmlich antworten können die Entchen aber erst, wenn sie mit ihrem Schnabel in die Luftkammer vorgedrungen sind, die sich im stumpfen Eiende befindet. Hier nehmen sie ihren ersten Atemzug, der sie in die Lage versetzt, sich stimmlich zu äußern. Bei Küken gibt es hauptsächlich zwei Rufarten: den Angst- und den Zufriedenheitsruf.

KLEINER SPRACHFÜHRER „ENTISCH"

„Mama, wo bist du?" – Angstruf/Weinen: Das ist die erste Lautäußerung, die man von einer Ente im noch geschlossenen Ei hören kann. Wer kurz vor dem Schlupf an der Eischale lauscht, vernimmt des Öfteren ein einsilbiges, hohes, lang gezogenes „Wiii!". Es wird meist dreimal hintereinander geäußert und ist vergleichbar mit dem Weinen eines Säuglings. Dieser hohe Piepslaut dient vor allem dazu, die Aufmerksamkeit der Entenmutter zu erregen, etwa wenn die Eier zu stark abkühlen, wenn Probleme beim Schlupf auftreten oder wenn die Entenkinder sich verlassen fühlen und Ansprache suchen. Während der ersten beiden Tage nach dem Schlupf steigert sich die Zahl der Angstrufe noch, denn mit diesem Piepsen aktivieren die Kleinen den Brutfürsorgetrieb ihrer Mutter.

„Kommt, Kinder!" – Mütterlicher Lockruf: Während sich die Küken aus ihrer Eischale befreien, äußern sie hin und wieder den Angstruf und nehmen so wichtigen Kontakt zur brütenden Ente auf. Die Entenmutter antwortet ihnen jetzt mit ihrem Lockruf, einem „Quähggegegeg", das sie erst leise und, je weiter der Schlupf voranschreitet, zunehmend lauter äußert. Die Reaktion auf den mütterlichen Lockruf ist laut dem Verhaltensforscher Konrad Lorenz angeboren, das heißt, die Küken wollen daraufhin instinktiv zur Mutter. Der Lockruf und auch die Angstrufe der schlüpfenden oder bereits geschlüpften Geschwister führen zu einer Synchronisation des Schlupfes, weil der akustische Kontakt die noch in den Eiern steckenden Entenkinder motiviert, ganz nach dem Motto: „Da ruft wer nach mir, da will ich hin!" Die Eischale wird daraufhin schon mal etwas flotter aufgeknackt.

Anders als bei Gänsekindern, die sich nach ihrem Schlupf rein optisch orientieren, wird bei Entenküken über die sogenannten Stimmfühlungslaute, also die jeweiligen Lautäußerungen von Mutter und Küken, ein intensives Mutter-Kind-Verhältnis aufgebaut. Konrad Lorenz bezeichnet die Entwicklung dieser Bindung als Prägung. Für die Entenkids ist eine intensive familiäre Prägung überlebensnotwendig, denn sie verfügen zwar bereits über einige angeborene Instinkte, müssen viele Dinge jedoch erst im Schutz ihres Familienverbands erlernen.

„Alles gut, ich bin ja da!" –
Kontaktlaut/Wohlfühllaut:

„Räbräb, räbräb!" Mit diesem leise geäußerten Stimmfühlungslaut geht eine Entenmutter bereits mit ihren ungeschlüpften Küken auf

Wenn Küken sich unwohl fühlen, äußern sie ihren Angstruf, der verblüffend an das Weinen eines Kleinkindes erinnert. (Foto: Paul Reeves Photography/Shutterstock.com)

Tuchfühlung. Das tiefe, zweisilbige „Räbräb"-Palaver, wie Lorenz es nennt, ist die typische Form der innigen Begrüßung und steht für Zusammenhalt, Geborgenheit, Wohlbefinden und Zufriedenheit. Diesen Laut hört man sowohl von der Entenmutter als auch von ihren Küken, wenn alle beisammen und rundherum zufrieden sind. Hat beispielsweise ein Küken während eines Familienausflugs den direkten Anschluss an die Gruppe verloren, äußert es panisch und herzzerreißend den Angstlaut. Wieder bei der Familie angelangt, begrüßen sich alle innig. Ihr „Räbräb" wird jetzt aber in einer schnelleren und etwas lauteren Tonfolge geäußert. Man spürt regelrecht die emotionale Erleichterung und Freude der Enten über die familiäre Wiedervereinigung.

„Alles in bester Ordnung!" –
Wohliges Trillern der Küken:
Wer genau hinhört, vernimmt diesen „Wirrr"-Laut schon aus den noch nicht angepickten Eiern, nämlich dann, wenn diese wieder erwärmt werden, nachdem sie zuvor so ausgekühlt waren, dass die Embryonen Weinlaute äußerten. Ebenso hört man ihn bei bereits geschlüpften Küken, die gerade durch Unterkriechen unter die Mutter oder durch die Wärmelampe wieder gewärmt werden, nachdem ihnen zuvor kalt geworden war.

„Achtung, alles sammeln!" –
Aufbruchlaut:
„Rääääb, räb, räb ..." Bei diesem meist siebensilbigen Kontaktlaut wird die erste Silbe unter starker Betonung des „ä" in die Länge gezogen, während die übrigen schnell aufeinanderfolgend und laut geäußert werden. Mit ihm wird die Gruppe zusammengetrommelt, sodass alle sich gemeinsam in Bewegung setzen können. Man hört den Aufbruchlaut beispielsweise, wenn Enten von Weitem ihren Halter mit dem Futtereimer erblicken. Vereint geht es dann schnellen Schrittes, teils auch fliegend, in Richtung Futterplatz, wobei sich die Enten gegenseitig mit einem zweisilbigen, erregten „Gäg-gäg, Gäg-gäg" auf das Futter hinweisen. Hier hört man gut den stimmlichen Unterschied zwischen Ente und Erpel. Sie klingt hell und laut, während sich seine Stimme mit einem leiseren, tiefen, heiser klingenden Krächzen beschreiben lässt.

Während der Nahrungsaufnahme äußern Enten ein zufriedenes „Räb-räb, Räb-räb", in

Warzenenten verstehen sich ohne viel Gequake. (Foto: shutterstock.com/bddigitalimages)

das ab und zu auch ein wohliges Trillern einfließt. Bei ausgewachsenen weiblichen Tieren lässt sich Letzteres am besten mit einem „Wiiiürr" und bei den männlichen mit einem „Wrrr" beschreiben.

„Achtung, alle aufpassen!" – Alarmlaut: Mit einem leisen, heiseren „Räb" warnen sich Enten vor Gefahren. In einer als bedrohlich eingestuften Situation wird das „Räb" mit waagerecht nach vorn gestrecktem, gegen das Feindbild gerichtetem Kopf untermalt.

Abschließend sei gesagt, dass Warzenenten eine Ausnahme bilden. Ihr Sprachschatz ist begrenzt, weil ihre Stimme nur gering entwickelt ist. Das liegt daran, dass sie als einzige Hausenten nicht von der Stockente, sondern von einer Wildentenart aus Mittel- und Südamerika abstammen. Wie ihre wilde Verwandtschaft sind sie nahezu stumm. Lediglich ab und zu geben sie leise Hauchlaute von sich. Außerdem klagen die weiblichen Tiere beim Brüten sowie beim Tretakt mit einem kurzen, traurig klingenden Ton, und erregte Erpel äußern ein leises Fauchen, das irgendwie abgehackt klingt und mit ruckartigen Kopfbewegungen untermalt wird.

Das Wesen der Enten

Enten sind friedliebende Geschöpfe. Lediglich in der Paarungszeit kommt es zu Rangordnungskämpfen unter den Erpeln, wenn diese ein gemeinsames Areal belaufen. Die Intensität solcher Auseinandersetzungen hängt davon ab, ob sich die Tiere kennen oder nicht. Kennen und respektieren sich die Erpel, bedrohen sie einander, indem sie mit leicht geöffnetem Schnabel ihren Hals in Richtung der Körperflanke des anderen oder an diesem vorbei nach vorn strecken. Eine einfache Geste, die in den meisten Fällen eine Auseinandersetzung vermeidet. Bei Erpeln, die sich fremd sind, sieht das aber anders aus. Sie bedrohen einander frontal und gehen dabei zielstrebig, mit waagerecht vorgestreckten Köpfen aufeinander zu. Sobald sie nahe genug sind, versuchen sich die beiden Kontrahenten durch Bisse ins Brustgefieder, in den Nacken oder den Körper schmerzhaft zu treffen. Dabei benutzen sie auch ihre Flügel, mit denen sie durchaus kräftig zuschlagen können. Warzenerpel verfügen zudem über messerscharfe Krallen. Die rotgesichtigen „Faucherchen" kämpfen übrigens mit der gleichen Verbissenheit wie Ganter – da fliegen im wahrsten Sinne des Wortes die Federn.

Die bevorzugte Fortbewegungsart von Enten ist das Schwimmen. Die am hinteren Teil des Körpers ansetzenden Beine eignen sich optimal zur Fortbewegung im Wasser, zum Laufen an Land jedoch weniger, was der watschelnde Gang zeigt.

Enten verfügen über ein gutes Seh- und Hörvermögen. Durch ihre seitlich am Kopf sitzenden Augen müssen sie jedoch, um Dinge räumlich zu erfassen, diese immer abwechselnd mit dem linken und rechten Auge fixieren. Das erreichen sie durch Hin- und-her-Wenden des Kopfes oder Laufen im Zickzackgang.

Wie alle Fluchttiere behalten auch Enten ihr Umfeld stets aufmerksam im Blick. Und wehe, es ist was „im Busch" – da legen die ansonsten ruhigen Gesellen lautstark los.

Diese Angewohnheit entwickeln die Tiere aber erst, wenn sie sich in ihrer Umgebung heimisch fühlen. Neu erworbene Enten sind anfangs zurückhaltend. In einer als bedrohlich eingestuften Situation reagieren sie unterschiedlich. Das „Sich-tot-Stellen" ist hauptsächlich bei Wild- und Zierenten zu beobachten. Viele Hausenten bevorzugen hingegen die Flucht und bringen sich, wenn möglich, auf größeren Wasserflächen in Sicherheit. In der Intensivhaltung in großen Gruppen auf engem Raum kann dieser Fluchtreflex verheerende Folgen haben. Geraten die Tiere in Panik, flüchten sie in eine Ecke des Stalls und drängen sich dort zusammen, sodass ein großer Teil der Gruppe ersticken kann. Weil Enten recht schreckhaft sind, zu Panikattacken neigen und sich außerdem im Dunkeln nicht orientieren können, sollte bei größeren Tierbeständen des Nachts immer eine schwache Stallbeleuchtung als Orientierungshilfe gegeben sein. Das beugt unnötigen Verletzungen oder Tierverlusten vor.

Wie man mit Enten Freundschaft schließt

Im Gegensatz zu Gänsen, die sich dem Menschen sehr eng anschließen können, werden Enten zwar sehr wohl zutraulich, machen sonst aber gern den lieben langen Tag ihr eigenes Ding. Wenn Sie sich wünschen, dass Ihre kleinen Eigenbrötler auf Zuruf kommen, sollten Sie immer ein Stückchen Brot dabeihaben. Wie Wilhelm Busch einst sagte: „Ein Onkel, der was Gutes mitbringt, ist besser als eine Tante, die bloß Klavier spielt." Enten scheinen diese Einstellung absolut zu teilen. Außer Futter brauchen Sie unbedingt Geduld, Ruhe und Gelassenheit, wenn Sie das Vertrauen Ihrer Enten gewinnen möchten. Wer sich ihnen gegenüber wie eine wandelnde Schlaftablette verhält, macht seine Sache genau richtig. Das, was Sie ausstrahlen, bekommen Sie nämlich zurück. Sind Sie ruhig, sind die Tiere entspannt. Verbreiten Sie Hektik, werden die Enten, ähnlich wie Pferde, nervös und kopflos. Was Enten im Gegensatz zu Pferden nicht mögen, sind Streicheleinheiten. Wie alle Vögel lässt ihr natürlicher Fluchtreflex sie instinktiv zurückweichen, wenn man nach ihnen greift, auch dann, wenn sie ansonsten schon zutraulich sind. Ist es einmal notwendig, ein Tier einzufangen, sollten Sie daher unbedingt mit ihm sprechen, während Sie zu ihm hingehen. Wer stillschweigend plötzlich zugreift, verhält sich wie ein Raubtier (das sich lautlos annähert und zupackt) und versetzt so seinen gefiederten Freund in höchste Panik. Erklären Sie der Ente wortreich, was Sie vorhaben, oder sagen Sie Goethes „Erlkönig" auf – Hauptsache, Sie sprechen. Die Ente versteht den Sinn Ihrer Worte nicht, aber sie wirken beruhigend.

Enten gewöhnen sich schnell an feste Rituale, und die sollten möglichst eingehalten werden. Das gibt den Tieren Sicherheit und gewährleistet, dass sie sich auf ihren Halter einstellen können. Feste Fütterungszeiten erleichtern das abendliche Einstellen, denn ihre innere Uhr führt die Enten pünktlich zurück zum Stall.

Inwieweit Enten sich Menschen gegenüber öffnen, hängt zudem von der „Kinderstu-

WIE MAN MIT ENTEN FREUNDSCHAFT SCHLIESST

Tiere verfügen über sensible „Antennen" für Emotionen. Sie öffnen sich demjenigen, der ihnen Liebe und Respekt entgegenbringt. (Foto: Bogdan Bulat/Shutterstock.com)

be" der Tiere ab. Nur Enten, die liebevoll aufgezogen wurden, sind später in der Lage, Vertrauen aufzubauen. Man sollte sich diesbezüglich im Vorfeld erkundigen, statt euphorisch die erstbesten Tiere mit nach Hause zu schleppen. Enten von verantwortungsvollen Hobby-Rassegeflügelzüchtern sind nicht nur gut durchgezüchtet, sie werden auch mit viel Hingabe aufgezogen. Denn – und wir sprechen hier aus Erfahrung – ein echter „Herzblutzüchter" verbringt oft mehr Zeit im Geflügelstall als zuhause bei seinen Lieben. Der Züchter kann Sie zudem bestens über die Tiere informieren. Besonders in der ersten Zeit kommen immer wieder einmal Fragen auf. Da beruhigt es ungemein, wenn man einen kompetenten Ansprechpartner kennt.

Wenn der Schlupf gut verlaufen und der Aufzuchtstall voll ist, geben Züchter Küken ab. Allerdings können die Wenigsten das Geschlecht zu diesem frühen Zeitpunkt bestimmen, und so kauft man diesbezüglich ein „Überraschungspaket". Künstlich erbrütete Entchen prägen sich nach ihrem Schlupf auf ihre Schlupfkameraden und brauchen diese. Daher darf man niemals nur ein einzelnes Küken kaufen. Mindestens drei oder vier sollten es sein. Die Gesellschaft von Artgenossen ist für die Psyche und das Sozialverhalten von großer Wichtigkeit und sollte immer gewährleistet werden. Wer sich für Entenküken entscheidet, muss für ihre Aufzucht außerdem einiges an Zeit einplanen. Wenn die Entenkids zahm werden sollen, brauchen sie außer ihren Schlupfkameraden viel Zuwendung und Nestwärme.

Natürlich erbrütete Küken, die in ihrem Familienverband aufwachsen, lernen dort alles Wichtige und werden zudem gut sozialisiert. Günstig ist es, wenn bereits die Entenmutter Menschenbezug hat. Dann sind die Kleinen weniger scheu und werden sich Ihnen vorbehaltloser annähern. Sie sind allerdings, wie schon erwähnt, auf ihre Mutter geprägt und sollten auch bei dieser bleiben dürfen, und zwar so lange, bis sie flügge sind – was mit etwa zwei Monaten der Fall ist. Danach löst sich ohnehin die familiäre Bindung auf, und die halbstarken Jungenten sind dann offen für neue Wege. Im Alter von etwa acht Wochen wird auch das Geschlecht der Tiere erkennbar.

GEFIEDERTE WEGBEGLEITER

Welche Entenrasse soll es sein?

Hausenten gibt es in verschiedensten Größen, von S bis XL. Fast alle stammen von der wilden Stockente ab. Im Lauf der Zeit wurden aus dieser äußerst anpassungsfähigen Ente zwei unterschiedliche Typen herausgezüchtet. Zum einen der Landententyp, der in Form und Gestalt der Stammform ähnelt, und zum anderen der Pinguintyp. Hierbei handelt es sich um eine lauffreudige Ente mit aufrechter Körperhaltung, die sich in Südostasien entwickelte. Durch entsprechende Kreuzungen entstanden schließlich Rassen, die Mischformen darstellen. Die Campbellente ist hierfür ein gutes Beispiel.

Im Zuge der Haustierwerdung gingen bei vielen Rassen die Flugfähigkeit und der Brutinstinkt verloren. Eines haben alle unsere Hausenten aber noch mit ihrer wilden Verwandtschaft gemeinsam – sie sind und bleiben Wasservögel! Wer sich für Enten entscheidet, muss seinen Schützlingen daher eine saubere Schwimm- oder zumindest eine Badegelegenheit anbieten.

Die Liste der Hausentenrassen ist lang, und es gibt über jede von ihnen Interessantes zu berichten. Wir möchten Ihnen häufig auf Ausstellungen gezeigte und in Deutschland anerkannte Rassen von A bis Z mit jeweils einem kurzen Steckbrief vorstellen.

ALTRHEINER ELSTERENTE

Die Altrheiner Elsterente ist eine relativ junge Rasse. Sie wurde in den 1970er-Jahren im rheinland-pfälzischen Gimbsheim erzüchtet.

Frühreife, Frohwüchsigkeit und Wetterhärte sind Eigenschaften von Altrheiner Elsterenten.

Mit 2,75 Kilo beim Erpel und 2,25 Kilo bei der Ente sind Altrheiner Elsterenten nicht allzu schwer und daher recht agil. Sie sind eine Augenweide, aber schwer zu züchten, weil nicht jedes Küken die Erbanlagen für die erwünschte gleichmäßige Elsterscheckung besitzt. Es fallen mehr oder weniger Fehlfarben an.

Rassegeflügelzüchter können nur Tiere ausstellen, die dem Standard entsprechen, daher besteht für Liebhaber von bunten Enten die Möglichkeit, Tiere mit Fehlzeichnung günstig beim Züchter zu erwerben. Die Zeichnung ist bereits beim Küken erkennbar.

Altrheiner Elsterenten gehören zu den frühreifen Rassen. Ihre Legeleistung liegt bei 80 Eiern pro Jahr. Leider haben die schmucken Tiere mit eigener Brut nichts am Hut. Wer Nachwuchs wünscht, braucht eine Brutmaschine. Die Kunstbrut verläuft in der Regel problemlos. Empfehlenswert ist die Haltung eines Erpels mit vier Enten. Zu dem ursprünglich schwarz geschecken Farbschlag sind inzwischen die blau und braun geschecken Farbschläge hinzugekommen.

Für ein makellos weißes Federkleid brauchen Amerikanische Pekingenten eine Badegelegenheit und stets saubere Stalleinstreu.

AMERIKANISCHE PEKINGENTE

Im 19. Jahrhundert gelangten weiße, hoch aufgerichtete Enten aus China in die USA und wurden dort durch Einkreuzung von Aylesburyenten zu einem wirtschaftlichen Typ für die Mastfarmen umgezüchtet. Anfang des 20. Jahrhunderts kamen diese Enten aus Übersee nach Deutschland, wo die Rasse sich schnell großer Beliebtheit erfreute – allerdings nur in der Wirtschaftsgeflügelhaltung. Die Erfolgswelle schwappte zunächst nicht auf die private Rassegeflügelzucht über. Doch wie so oft findet jedes Töpfchen irgendwann sein Deckelchen, und so fanden auch die Amerikanischen Pekingenten nach und nach Hobbyzüchter, die sich ihrer Rasse annahmen. 1919 wurde die erste deutsche Rassebeschreibung in den Geflügelstandard aufgenommen und 1921 wurden die ersten Amerikanischen Pekingenten auf einer deutschen Rassegeflügel-Bundesschau gezeigt.

Als ursprüngliche Wirtschaftsrasse bringen die stattlichen, leicht aufrecht gehenden „Amis" als Ente 3 Kilo und als Erpel 3,5 Kilo auf die Waage. Ein kräftiger, abgerundeter, rechteckiger, etwas angehoben getragener Körper ohne Kielbildung, mittelhohe Läufe, ein länglicher Kopf mit breitem Schnabel und straff anliegendes reinweißes Gefieder – so sollen Amerikanische Pekingenten laut Rassegeflügelstandard aussehen. Tiere, die von diesem Schönheitsideal abweichen, sehen nie einen Ausstellungskäfig von innen. Mit etwas Glück finden sie ein Zuhause bei Enten liebenden Menschen. Die Gefiederfarbe der Amerikanische Pekingente lässt sich als warmes Weiß mit einem Anflug

GEFIEDERTE WEGBEGLEITER

von Gelb beschreiben. Der Gelbton kann sich im Herbst und auch durch das Füttern von Weizen und Mais verstärken.

Die „Amis" sind anspruchslose, unkomplizierte und sehr liebenswerte Zeitgenossen. Ihre Legeleistung liegt bei 120 Eiern pro Jahr. Enten mit einer derart hohen Legeleistung brüten allerdings nur noch in wenigen Ausnahmefällen. Wer Nachwuchs wünscht, muss die Eier künstlich ausbrüten.

AYLESBURYENTE

Die Aylesburyente entstand in England zu rein kommerziellen Zwecken. Nach Deutschland kam die Rasse bereits um das Jahr 1860. Als klares Unterscheidungsmerkmal zu ihrer „Konkurrenz" aus Übersee, der Amerikanischen Pekingente, wurde ihr im 19. Jahrhundert an der Bauchunterseite ein Kiel angezüchtet, der sie in der gesamten Palette der Entenrassen einmalig macht. Durchgesetzt hat sie sich dennoch bis heute nicht. Die „Amis" sind nach wie vor beliebter.

Erpel wiegen 3,5 und Enten 3 Kilo, wobei sie als ursprüngliche Mastenten auch höhere Gewichte erreichen können. Breit, tief und lang, so werden Mastenten gewünscht. Aylesburyenten verkörpern diesen Typ, wirken dabei aber keineswegs plump und schwerfällig, sondern sind ganz im Gegenteil sogar bewegungsfreudig, vor allem im jungen Alter. Aus im britischen Ort Caldicot abgehaltenen Entenwettrennen ist bekannt, dass junge Aylesburyenten schneller laufen können als die agilen Laufenten. Aufgrund ihres Exterieurs sollten die stattlichen Aylesburyerpel nur zwei Enten bekommen; damit sind sie voll

Der Kiel an der Bauchunterseite und ihr langer, kräftiger blassrosa Schnabel sind typisch für die Aylesburyente.

und ganz ausgelastet. Und als ehemalige „Mastis", nehmen Aylesburyenten bei üppiger Fütterung schnell zu, weshalb Dickerchen vor der Zucht auf Diät gesetzt werden müssen, damit eine erfolgreiche Befruchtung stattfinden kann.

Die kielbauchigen, großen Enten brauchen recht viel Platz und lieben es, im Wasser zu „chillen". Sie genießen dessen Tragkraft, die auch ihren Tretakt begünstigt. Künstlich angelegte Becken sollten allerdings nur so tief sein, dass die Enten noch Boden unter den Füßen haben, um Halt und

Balance zu finden. In tiefen Gewässern verschwindet die Ente sonst leicht unter Wasser, wenn ihr stattlicher Gatte sie besteigt. Das Paar kommt dann häufig ins Straucheln, was den Befruchtungserfolg gefährdet.

80 Eier pro Jahr werden bei dieser Rasse gefordert. Wer Enten mit gutem Brutinstinkt sucht, sollte sich jedoch lieber für eine andere Rasse entscheiden. Es kommt selten vor, dass eine Aylesburyente mal zur Brut schreitet. Die Eier eignen sich aber gut für die Kunstbrut.

CAYUGAENTE

Über die Herkunft dieser schmucken Vögel erzählt man sich, dass ein Müller in Duchess County im US-amerikanischen Bundesstaat New York schwarze Enten mit auffälligem Grünschimmer hielt. 1809 hatte er ein solches Entenpaar gefangen. Das war ihm gelungen, weil ein Indianerstamm, die Cayuga-Indianer, diese Enten bereits domestiziert hatte. Nach diesem Stamm wurden die Enten 1863 benannt. Dass der See, auf dem sie gefangen

Cayugaenten sind recht beliebt. 171 Zuchten in der Bestandserfassung des Bundes Deutscher Rassegeflügelzüchter sprechen eine deutliche Sprache.

wurden, Cayugasee hieß, soll zweitrangig gewesen sein. Um 1840 begann die gezielte Zucht von Cayugaenten und 1851 wurden sie erstmals auf einer Ausstellung gezeigt. 1874 erfolgte die Aufnahme in den amerikanischen Rassegeflügelstandard. Mitte des 19. Jahrhunderts gelangten die Cayugas aus Amerika nach England und von da aus um 1880 nach Deutschland.

Cayugas sind mittelgroße Enten. Der Erpel wiegt 3 Kilo, die Ente ist ein halbes Kilo leichter. Cayugas wirken elegant und sind agil, ihr schwarzes Gefieder mit seinem herrlich grünmetallischen Glanz sticht ins Auge. Wer das Besondere sucht, der liegt mit dieser Rasse goldrichtig!

Cayugaenten legen cirka 60 Eier von weißer bis dunkelgrüner Farbe. Bei der relativ geringen Legeleistung müsste man davon ausgehen, dass es sich um Enten mit Brutinstinkt handelt, doch weit gefehlt. Es kommt zwar durchaus vor, dass eine Ente zur Brut schreitet, doch das ist eher die Ausnahme.

Cayugaenten brauchen eine etwas größere Schwimmgelegenheit, nur so bleibt ihr Gefieder eine Augenweide. Der grüne „Lack" dieser Enten ist zwar genetisch fixiert, mit Sämereien wie Leinsamen, Hanfsamen und Sonnenblumenkernen sowie etwas Salatöl in der Weichfuttermischung lässt er sich aber noch etwas optimieren.

DEUTSCHE CAMPBELLENTE

Mit dem Ziel, eine Zwieente zu schaffen, also eine Ente, die sich sowohl zur Mast eignet als auch eine gute Legeleistung hat, erzüchtete die englische Pfarrersfrau Adele Campbell in der Grafschaft Gloucestershire gegen Ende des 19. Jahrhunderts die kakifarbene Campbellente aus einem Rouenerpel, rehfarbigen Laufenten, Stockenten sowie gelben Orpingtonenten. Die Rasse gelangte 1909 und nach dem Krieg erneut 1918 nach Deutschland. Der weiße Farbschlag kam später hinzu. Wegen unterschiedlicher Zuchtziele trennte man in Deutschland Anfang des 21. Jahrhunderts Deutsche Campbellenten von denen aus England.

Deutsche Campbellenten sind leichte und bewegungsfreudige Legeenten.

Mit 2,5 Kilo beim Erpel und 2 Kilo bei der Ente ist die Deutsche Campbellente ein „schnittig" gebautes Leichtgewicht und sehr agil. Aufgrund ihrer Bewegungsfreude sind diese Enten bestens als Schneckenpolizei im Garten einsetzbar – zumal sie dort durch ihren leichten Körperbau kaum Schäden anrichten. Vorher sollten sie allerdings ordentlich Grünfutter bekommen haben, damit die Salatblätter im Beet ihren Reiz verlieren.

Deutsche Campbellenten sind Legeenten, und als solche werden von ihnen 140 Eier pro Jahr gefordert. Wer jedoch im Idealfall das ganze Jahr über Eier legt, hat keine Ambitionen zum Brüten. Zur Nachzucht braucht man also eine Brutmaschine.

Die temperamentvollen Campbells zeichnen sich nicht gerade durch ein zutrauliches Wesen aus. Wer sich menschenbezogene Enten wünscht, sollte die Tiere möglichst im Kükenalter kaufen und dann richtig verhätscheln. So werden auch Deutsche Campbellenten sehr zahm.

Deutsche Pekingenten haben ein ruhiges Gemüt – sie sind ideale „Familienenten".

DEUTSCHE PEKINGENTE

In China gibt es seit alters her eine hoch aufgerichtete Ente im sogenannten Pinguintyp. Sie wird dort als Pekingente bezeichnet. Amerikanische Züchter importierten die Enten, aber auch ein englischer Züchter hat diese Rasse mit in seine Heimat gebracht und 1874 auf einer Ausstellung präsentiert. Aus den USA kamen Pekingenten schließlich nach Deutschland, wo sie nach deutschen Maßstäben gezüchtet wurden. Dabei perfektionierte man vor allem ihre aufrechte Körperhaltung, durch die sie sich deutlich von den waagerecht stehenden Amerikanischen Pekingenten unterscheiden. Die Rasse erhielt den Namen Deutsche Pekingente. In England wird sie als Pekingente geführt; die Amerikanische Pekingente ist dort als Rasse unbekannt.

Mit 3,5 Kilo beim Erpel und 3 Kilo bei der Ente handelt es sich hier um ausgeprägte Fleischenten. Ihre Legeleistung liegt bei lediglich 50 Eiern pro Jahr. Die Brutlust ist bei Deutschen Pekingenten nur gering ausgeprägt.

GEFIEDERTE WEGBEGLEITER

Die massigen Tiere sind gemütliche, ruhige Vertreter ihrer Art, die bei entsprechender Behandlung schnell zutraulich werden und keinen allzu großen Auslauf brauchen. Deutsche Pekingenten gibt es nur in Weiß, das jedoch einen gleichmäßigen leichten Gelbton zeigen muss. Da Deutsche Pekingenten über ein nicht allzu festes Federkleid verfügen, brauchen sie eine genügend große Badegelegenheit, worin sie ihr Gefieder optimal pflegen und einfetten können, denn nur so bietet es ihnen Schutz vor ungünstigen Witterungseinflüssen.

Eine möglichst gleichmäßig blaue Gefiederfarbe wird bei den Gimbsheimer Enten gewünscht.

GIMBSHEIMER ENTE

Die Gimbsheimer Ente ist eine junge Rasse, die um 1960 in Gimbsheim (Rheinland-Pfalz) von Georg-Richard Oswald erzüchtet wurde. Heute sieht man sie regelmäßig auf Ausstellungen, wenngleich die Rasse nach wie vor recht selten ist, was sicherlich daran liegt, dass es sich bei der blauen Gefiederfarbe um keine reine, sondern um eine Mischfarbe handelt. Dementsprechend spaltet sich die Nachzucht auf. Von einem blauen Erpel und einer blauen Ente erhält man also nicht nur die vom Rassestandard geforderten blauen Nachkommen, sondern – statistisch betrachtet – 50 Prozent blaue, 25 Prozent schwarze und 25 Prozent schmutzig weiße Enten. Es kommt also einiges an Fehlfarben zusammen. Wer seine Gimbsheimer Enten auf Rassegeflügelausstellungen zeigen möchte, muss daher viele Tiere nachziehen, um genügend blaue zu bekommen. Die blaue Farbe ist gegen Sonneneinstrahlung anfällig und bleicht aus, weshalb ein eher schattiger Auslauf bei diesen Enten vorteilhaft ist.

Gimbsheimer Enten zeigen als Landententyp eine ziemlich waagerechte Haltung. Die Erpel wiegen 3 Kilo, die weiblichen Tiere 2,5 Kilo. Sie legen 80 Eier pro Jahr. Bei dieser Rasse kommt es immer wieder vor, dass Enten brüten und ihre Jungen fürsorglich aufziehen. Die Erpel gelten als sehr tretfreudig, auch in der nicht sexuellen Phase, weshalb man beide Geschlechter nach der Zuchtperiode trennen sollte, damit die Enten nicht belästigt werden. Übrigens: Liebhaber bunter Enten können bei Züchtern Jungtiere mit Fehlfarben günstig erwerben.

Hochbrutflugenten sind unkompliziert. Es gibt sie in verschiedenen Farbschlägen und mittlerweile auch mit Haube.

HOCHBRUTFLUGENTE

Der Geschmack des Landwirtes Günther war für die Entstehung der Hochbrutflugenten verantwortlich. Er liebte das dunkle, delikate Fleisch der Stockenten und kreuzte sie deshalb mit ortsansässigen Landenten, später auch mit Rasseenten, um mehr von dieser Art Entenfleisch zur Verfügung zu haben. Den Enten ließ er freien Lauf. Da sie fliegen konnten, verließen sie oft den Hof, viele von ihnen kamen am Abend jedoch wieder zurück, da sie hier gefüttert wurden. Vor allem im Winter verbrachten sie wegen der Futterknappheit viel Zeit auf dem Anwesen. Günther setzte für seine Zucht gezielt jene zutraulichen Altenten ein, die stets verlässlich zurückkehren. Für ihr Nest suchten sie sich häufig hoch gelegene Brutplätze, woraus letztlich ihr Name resultiert.

Hochbrutflugenten sind größer als Stockenten und gehören zum leichten Ententyp.

Die Erpel wiegen 1,5 und die Enten 1,25 Kilo. Da sie aufgrund ihrer ausgezeichneten Flugfähigkeit nicht immer im Umfeld des heimischen Hofes bleiben, können sie leicht verwildern, wenn man sich nur halbherzig um sie kümmert. Eine pünktliche Fütterung im Stall sorgt dafür, dass die Tiere am Abend gern wieder nach Hause kommen.

In der über hundertjährigen Existenz der Hochbrutflugenten kam es zu einer starken Vermischung mit wilden Stockenten. Alle vermeintlichen Stockenten, die einen Latz haben (eine weiße Gefiederpartie an der Brust, die in ihrer Form an das „Schlabberlätzchen" eines Kleinkindes erinnert) oder anderweitig nicht das wildfarbige Federkleid der Stockente präsentieren, führen die Gene der Hochbrutflugenten in sich.

Wer verhindern möchte, dass die Enten wegfliegen, muss ihr Gehege mit einem Netz überspannen. Für die Brut werden erhöht aufgestellte Nistgelegenheiten bevorzugt. Die geschlüpften Küken lassen sich dann wie Gummibälle einfach aus dem Nest plumpsen. Aber auch am Boden nimmt die Ente Nistgelegenheiten an. Hochbrutflugenten brüten selbst. Ihr Gelege umfasst 12 bis 15 Eier, die Schlupfrate ist hoch. Die Enten brüten zweimal im Jahr. Viele Züchter lassen die Entenfamilie in der ersten Woche vorsichtshalber im Stall. Danach sind die anfangs nur streichholzschachtelgroßen Küken stabiler und etwas gewitzter – Raubtiere haben es dann schwerer.

Hochbrutflugenten sind aufgrund ihrer unkomplizierten Art sehr beliebt. Es gibt sie in vielen verschiedenen Farbschlägen und mit oder ohne Haube.

Die selten gewordenen Krummschnabelenten suchen Züchter zur Sicherung ihrer Existenz.

KRUMMSCHNABELENTE

Krummschnabelenten verkörpern eine ausgesprochen alte Hausentenform aus den Niederlanden, die 1676 erstmals literarisch erwähnt wurde und auch auf alten Gemälden niederländischer Maler zu sehen ist. Nach dem Zweiten Weltkrieg war ihre Population auf 15 Tiere zusammengeschmolzen, die dann zur Neubelebung der Rasse eingesetzt wurden. Mit 2 Kilo beim Erpel und 1,75 Kilo bei der Ente sind die Krummschnabelenten leichte Vertreter ihrer Art. Typisch für diese Rasse ist ihr krummer Schnabel, der ihr auch den Namen gegeben hat. Interessant ist, dass Krummschnabelküken mit geradem Schnabel geboren werden – erst im Lauf der Zeit krümmt er sich.

Krummschnabelenten legen 40 Eier pro Jahr. Diese geringe Legeleistung lässt darauf schließen, dass die Enten dieser Rasse häufig selbst brüten. Das trifft zu, wenngleich die Eier auch kunstbrutfest sind.

Die leichten Enten eignen sich gut als Schneckenpolizei, zumal ihnen eine regelrechte Gier auf dieses Getier nicht abzusprechen ist. Grünzeug mundet ihnen ebenfalls bestens, weshalb ihr Appetit darauf vor dem Streifzug durch den Gemüsegarten weitgehend gestillt sein sollte. Da Krummschnabelenten fliegen können, sollten ihr Stall und Auslauf entsprechend attraktiv gestaltet sein, damit es sich für sie lohnt, stets dorthin zurückzukehren. Wer das Fliegen unterbinden will, muss den Auslauf mit einem Netz nach oben absichern.

LANDENTE

Die Landente verkörpert altes bäuerliches Kulturgut. Sie ist in Europa seit Jahrhunderten mit und ohne Haube bekannt. Auf zahlreichen Gemälden alter holländischer Meister findet man Landenten mit Haube ebenso wie auf den Illustrationen zu Wilhelm Buschs Erzählung „Die beiden Enten und der Frosch". Ursprünglich hieß diese leichte Entenrasse Kaiser-, Hollen-, Schopf- oder Federbuschente und erfreute sich großer Beliebtheit. Nach Mitte des 19. Jahrhunderts wurde sie aber zunehmend von schweren Entenrassen verdrängt, sodass sich nur noch einzelne Züchter ihrer annahmen. Das ist bis heute so. Schuld daran ist sicherlich auch der Letalfaktor, der bei der Verpaarung zweier Hauben tragender Tiere wirksam wird, weshalb der Landente mit Haube Ende des 20. Jahrhunderts die Einstufung als Qualzuchtrasse drohte. Um das staatlicherseits verlangte Zuchtverbot abzuwenden, ging der Bund Deutscher Rassegeflügelzüchter bis vor das Bundesverwaltungsgericht, wo er recht bekam. Landenten mit Haube sind keine Qualzucht und dürfen zum Glück erhalten bleiben.

Für Entenliebhaber, die das Besondere suchen, sind Landenten mit Haube genau die Richtigen.

GEFIEDERTE WEGBEGLEITER

Landenten sind mittelgroß und bringen als Erpel 2,5 und als Ente 2 Kilo auf die Waage. Die pflegeleichten Enten dürfen, ob mit oder ohne Haube (diese wird übrigens von festen Federn gebildet), alle in der Entenzucht bekannten Farben aufweisen, mit Ausnahme der wildfarbigen Varianten der Warzenenten.

Landenten legen circa 60 Eier pro Jahr und die meisten von ihnen brüten auch. Weil die Haubenbildung, wie bereits erwähnt, mit einem Letalfaktor gekoppelt ist, dürfen Tiere mit Haube (Merkmalsträger) nur mit Tieren ohne Haube (Nicht-Merkmalsträger) verpaart werden. Um sicherzugehen, dass Enten mit Haube tatsächlich zuchttauglich sind, macht man mit ihnen den sogenannten Umkehrtest. Dazu werden die Tiere auf den Rücken gelegt. Jene, die schnell wieder auf den Beinen stehen, gelten als vital genug, um ihre Gene weiterzugeben. Enten, die sich lange abmühen, um wieder hochzukommen, werden grundsätzlich von der Zucht ausgeschlossen, denn Vitalität hat im Entenauslauf höchste Priorität. Bei Enten ohne Haube gibt es in dieser Hinsicht keine Probleme.

LAUFENTE

Die Geschichte der Laufenten liegt im Dunkeln. Man vermutet ihren Ursprung in Indonesien. Weit verbreitet sind sie in Südostasien und Ostasien, wo unterschiedliche Varianten existieren. In ihrer Heimat wurde auf die besten Läufer selektiert, weil die Tiere dort weite Wege zu den Reisfeldern zurücklegen mussten, wo sie zur Ungezieferbekämpfung eingesetzt wurden.

Ihr aufrechter Gang ist das besondere Merkmal von Laufenten. (Foto: LianeM/Shutterstock.com)

Bereits 1896 nach Deutschland gelangt, gewannen die Laufenten bei uns erst nach 1920 eine größere Anhängerschar. Heute erfreuen sich diese „etwas anderen Enten" zahlreicher Fans mit und ohne Zuchtambitionen. Man schätzt sie wegen ihrer Robustheit und Wirtschaftlichkeit im Legebereich und weil sie recht anpassungsfähig sowie schlau und lernwillig sind. Diese Eigenschaften, kombiniert mit der aufrechten Körperhaltung und der gertenschlanken Figur, machen die Laufenten zu Besonderheiten. Deshalb sieht man sie auch des Öfteren in der Zirkusmanege und bei landwirtschaftlichen Veranstaltungen, wo die charismatischen Vögel das Publikum in Tierdressurvorführungen begeistern. Auf Rassegeflügelausstellungen sind Laufenten immer unter den Top Ten auf dem Podest zu finden.

Mit 2,5 Kilo beim Erpel und 2,25 bis 2,5 Kilo bei der Ente gehören Laufenten zu den mittelschweren Entenrassen. Durch ihre aufrechte Haltung, den dünnen langen Hals und ihren lang gestreckten, walzenförmigen Körper erinnert ihre äußere Form an eine Weinflasche, weshalb sie im Volksmund auch Flaschenenten genannt werden. Die sehr agilen Vögel schwimmen gern und sind bei entsprechender Haltung häufig auf Futtersuche. Nichts ist vor ihren Schnäbeln sicher. Deshalb und aufgrund ihrer Vorliebe für Schnecken werden Laufenten besonders häufig als „Schneckenpolizei" im Garten eingesetzt. Zwar sind es längst nicht nur die Laufenten, die mit Begeisterung Schnecken vertilgen – unter Enten gibt es reichlich Schneckenliebhaber –, wegen ihrer aufrechten Haltung richten Laufenten bei der „Jagd" in Gartenbeeten aber weniger Schaden an als viele andere Rassen. Natürlich vergreifen auch sie sich immer wieder mal an einem Salatblatt, weshalb sie vor dem Gartenbesuch bereits reichlich Grünzeug gefressen haben sollten, damit ihr Hunger darauf gestillt ist. Wichtig ist außerdem, dass ihnen stets mehrere Gefäße mit Trinkwasser zur Verfügung stehen, damit sie den Schleim der verzehrten Schnecken hinunterspülen können. Als „Schneckenjäger" auf Obstwiesen und Campingplätzen sind Laufenten ideal.

Züchter schätzen Laufenten wegen ihrer zügigen Entwicklung. Mit fünf Monaten ist die Ente bereits legereif. 90 Eier pro Jahr fordert der Rassestandard. Die Brütigkeit ist unterschiedlich. Manche Enten brüten problemlos, manche brechen die Brut ab, und viele beginnen gar nicht erst damit.

ORPINGTONENTE

Die Orpingtonenten entstanden um 1900 in England. Welche Rassen zu ihren Ahnen zählen, ist unbekannt. Erzüchtet wurden sie

Orpingtonenten haben eine tolle Gefiederfarbe! Sie bleibt im Sommer allerdings nur im Schatten erhalten.

von William Cook, der sie nach seinem Wohnsitz – Orpington House in der Grafschaft Kent – benannte. In den 1920er-Jahren kam die Rasse nach Deutschland. Als Zweinutzungsente, die genug Eier liefert und auch etwas auf den Rippen hat, fand sie hier rasch Anklang.

Mit 3 Kilo beim Erpel und 2,5 Kilo bei der Ente ist die Orpingtonente eine mittelschwere Rasse mit elegantem Erscheinungsbild. Sie legt mindestens 90 Eier pro Jahr. Gängig ist bei dieser Rasse die Kunstbrut, für die sich die Eier bestens eignen. Die Küken und Jungenten fallen durch ihr gutes Wachstum und ihre komplikationslose Entwicklung auf. Orpingtonenten sind wetter- und winterhart. Generell handelt es sich um eine leicht zu haltende Robustrasse.

Wer Orpingtonenten ausstellen möchte, muss berücksichtigen, dass ihre gelbe Farbe sensibel gegenüber Sonnenlicht ist. Mit anderen Worten: Das Gefieder der Enten bleicht schnell aus. Ein Auslauf auf einer Wiese mit reichlich Schatten spendenden Obstbäumen ist daher vorteilhaft. Im Schatten sollte auch die Badegelegenheit aufgestellt sein, wobei die Orpingtonente hier genügsam ist und sich mit einer Duschwanne zufriedengibt.

OVERBERGER ENTE

Die Overberger Ente ist eine junge Rasse. Sie wurde 1996 in den Niederlanden und im Jahr 2000 auch in Deutschland anerkannt. Ihr Erzüchter ist Hans Ringnalda. Er benannte die Enten nach ihrem Ursprungsort, der niederländischen Stadt Overberg.

Overberger Enten gibt es nur im Farbschlag Blaubronze. (Foto: Silke Brockhusen)

Die Overberger Enten sind mittelgroß mit leicht aufgerichteter Haltung. Erpel wiegen 2,5 bis 2,75 und Enten 2,25 bis 2,5 Kilo.

Die Tiere sind äußerst lebhaft und stets auf Futtersuche. Daher eignen sie sich sehr gut als „Schneckenpolizei" oder generell als Ungezieferverleger. Vor ihren gefräßigen Schnäbeln ist in der Grasnarbe ihres Auslaufs oder auf der Streuobstwiese nichts sicher. Grünzeug unterschiedlichster Art findet bei ihnen ebenfalls großen Anklang, weshalb sie im Nutz- oder Ziergarten lieber zurückhaltend eingesetzt werden sollten.

Overberger Enten legen ungefähr 60 Eier im Jahr. Nicht wenige von ihnen schreiten auch zur Brut. Diese führen sie genauso souverän durch wie die Aufzucht der Küken.

POMMERNENTE

Die brandenburgische Uckermark ist die Heimat der Pommernente. Dort entstand sie im 18. Jahrhundert aus Landenten der Region. Pommernenten verkörpern einen kräftigen Landententyp. Die Erpel wiegen 3 Kilo, die Enten 2,5 Kilo. Die widerstandsfähige Rasse hat ein festes Federkleid mit einem ausgeprägten, daunenreichen Untergefieder. Das schützt sie sowohl vor Regen als auch vor Kälte. Pommernenten sind dementsprechend wetter- und winterhart, dazu beweglich, marschfähig und anspruchslos. Aufgrund ihrer Größe sollte ihnen ein entsprechend weitläufiges Areal zur Verfügung gestellt werden. Auch sie sind eifrige Schneckenvertilger und benötigen deshalb eine Menge Trinkwasser zum Hinunterspülen des

Charakteristisch für Pommernenten ist der weiße Latz in der Hals und Kropfgegend.

GEFIEDERTE WEGBEGLEITER

Schleims. Regenwürmer zählen ebenfalls zu ihren Leibspeisen, aber auch das Grünfutter sollte auf ihrem Speiseplan nicht fehlen.

Die Enten sind zum Teil gute Brüterinnen. Als Legeleistung werden 80 Eier angegeben, fleißige Legerinnen, die nicht mehr brüten, bringen es sogar auf bis zu 150 Eier.

Pommernenten gibt es in den Farbschlägen Schwarz und Blau. Die blaue Farbe ist allerdings spalterbig, daher ist jedes Brutei ein Überraschungsei. Die Nachzucht ist statistisch betrachtet zu 50 Prozent blau und zu je 25 Prozent schwarz beziehungsweise weiß. Wer seine blauen Pommernenten auf Rassegeflügelschauen ausstellen möchte, muss also recht viele Tiere nachziehen und sich im Vorhinein auch Gedanken darüber machen, was mit den fehlfarbenen Tieren geschehen soll.

ROUEN-CLAIR-ENTE

Rouen-Clair-Enten stammen aus der Umgebung der Stadt Rouen in der französischen Normandie. Ihre Ahnen sollen hier schon im Mittelalter bekannt gewesen sein. Es handelt sich, vereinfacht ausgedrückt, um sehr schwere, leicht aufgerichtete Stock- beziehungsweise Hochbrutflugenten, die es nur in einem etwas aufgehellten wildfarbigen Federkleid gibt. In Deutschland wurde die Rasse 1993 anerkannt.

Die Rouen-Clair-Ente zählt zu den schweren Rassen. Die Erpel wiegen 3,5 bis 4 Kilo, die Enten 3 bis 3,5 Kilo. Trotz ihres stattlichen Gewichts wirken die Tiere keinesfalls plump, sondern zeichnen sich vielmehr durch ein elegantes Erscheinungsbild aus. Im Gegensatz zu ihren leichteren, flugfähigen Verwandten bleibt die Rouen-Clair-Ente mit beiden Beinen auf dem Boden. Ihre Legeleistung liegt bei 80 Eiern.

Rouen-Clair-Enten eignen sich gleichermaßen gut für eine Haltung am Bach oder im Auslauf, der entsprechend groß sein und eine Schwimmgelegenheit bieten sollte. Rouen-Clair-Enten sind sehr liebenswerte und unkomplizierte Geschöpfe, die selbst brüten und ihre Küken mit großer Fürsorge aufziehen.

Rouen-Clair-Enten haben ihren Ursprung in der Umgebung der französischen Stadt Rouen. (Foto: Erni/Shutterstock.com)

Smaragdenten brauchen für ihre Gefiederpflege unbedingt eine größere Badegelegenheit mit sauberem Wasser.

Aufzucht verlaufen vorbildlich. Ebenso komplikationslos klappen die Kunstbrut und Aufzucht durch den Menschen.

Die schwarze Farbe der Federn und der Grünglanz sind genetisch fixiert. Unterstützt werden kann beides durch Fütterung ölhaltiger Sämereien (Leinsamen, Hanfsamen, Sonnenblumenkerne und ähnliche). Auch etwas Salatöl in der Weichfuttermischung hat einen positiven Effekt. Außerdem brauchen diese Enten unbedingt eine ausreichend große Schwimm- beziehungsweise Badegelegenheit, damit ihr Gefieder seinen strahlenden Glanz behält.

STREICHERENTE

Die ursprüngliche Heimat der Streicherente ist England, wo diese Rasse aus Campbell- und Laufenten hervorging. Der genaue Zeitpunkt ihrer eher zufällig erfolgten Erzüchtung ist nicht bekannt, er lag jedoch vor 1910. Schon in den 1920er-Jahren kam die Streicherente über Dänemark nach Deutschland.

Die leicht gebauten Streicherenten gelten als Zweinutzungsrasse. 2,5 Kilo soll der Erpel wiegen und die Ente 500 Gramm weniger. Die beweglichen Vögel sind ausgesprochen emsige Futtersucher – sowohl im Auslauf als auch, wenn man ihnen Freilauf gewährt. Wo sie sind, ist ein schneckenfreies Areal zu erwarten. Damit sie die schleimigen Schnecken gut hinunterspülen können und sich nicht daran verschlucken, sollten kurze Wege zu den reichlich vorhandenen Trinkmöglichkeiten gewährleistet sein. Grünfutter gehört ebenfalls auf den

Da der Smaragdglanz nur auf schwarzem Gefieder zum Ausdruck kommt, gibt es auch nur einen schwarzen Farbschlag. Nicht erschrecken: Bereits im zweiten Jahr können weiße Federn im Gefieder auftreten, die mit zunehmendem Alter immer mehr werden. Mit diesen Tieren lassen sich auf Ausstellungen selbstverständlich keine Preise mehr gewinnen.

Smaragdenten sind trotz ihrer geringen Größe eher ruhig als quirlig. Für Halter, die die Naturbrut bevorzugen, sind sie genau richtig, denn sowohl die Brut als auch die

GEFIEDERTE WEGBEGLEITER

Der Farbschlag von Streicherenten nennt sich Silber-Wildfarbig.

Speiseplan dieser Enten. Enormen Appetit haben sie zudem auf Wasserlinsen. Streicherenten legen 70 Eier pro Jahr.

Wer Enten möchte, die einen guten Bruttrieb haben und ihre Kükenschar sorgfältig aufziehen, der ist mit Streicherenten gut beraten. Die Küken sind frohwüchsig und befiedern sich schnell. Eine Badegelegenheit unterstützt bei Jung- und Alttieren die Gefiederpflege. In der Kunstbrut schlüpfen die Küken ebenso gut wie in der Naturbrut.

WARZENENTE

Die Warzenente – so lautet die in Deutschland offizielle Rassebezeichnung – ist unter vielen weiteren Namen bekannt. Flugente, Barbarieente, Stummente, Türkenente und Moschusente wird sie auch genannt. Letztere Bezeichnung ist allerdings irreführend, denn die in Südamerika wild lebenden Moschusenten sind die Ahnen der Warzenenten.

Die Warzenente ist die einzige Hausentenrasse, die nicht von der Stockente abstammt. Bereits im 16. Jahrhundert wurde sie aus Amerika nach Europa gebracht. Nach Deutschland kam sie im 18. Jahrhundert, doch erst im 20. Jahrhundert schaffte sie den Durchbruch. Warzenenten gibt es in verschiedenen Farbschlägen. In der DDR wurde vor allem der weiße Farbschlag als Wirtschaftsgeflügel vermarktet.

Obwohl die Warzenenten elegant erscheinen, bringen sie ordentlich Gewicht auf die Waage. Der Erpel soll laut Standard 5 Kilo, die Ente 3 Kilo wiegen. Im Gegensatz zum Erpel ist die Ente flugfähig. Mit 40 Eiern Legeleistung pro Jahr ist sie nicht gerade legefreudig – bei so schweren Enten ist das aber normal.

Warzenenten sind ruhige Vertreter ihrer Art. Lediglich während der Fortpflanzungszeit stehen die Erpel etwas „unter Strom" und können dann, ebenso wie Ganter, auch schon mal unangenehm werden. Wasser ist für Warzenenten nicht so wichtig wie für die Stockentenabkömmlinge, aber eine kleine Badegelegenheit muss trotzdem sein.

Warzenenten fallen aufgrund ihrer hohen Befruchtungsquote positiv auf. Da eine Ente 15 Eier gut abdecken kann, ist bei der Naturbrut auch die Nachwuchsquote hoch. Warzenenten sind zudem ausgezeichnete Brüterinnen. Es ist keine Seltenheit, dass sie nach erfolgreicher Jungenaufzucht eine zweite Brut tätigen. Bei der Aufzucht ihrer robusten und frohwüchsigen Küken zeigen sie sich sehr fürsorglich. Zu beachten ist bei dieser Rasse, dass ihre Brutdauer mit 35 Tagen länger ist als die der übrigen Hausentenrassen, die bei 27 bis 29 Tagen liegt.

Nicht umsonst werden Warzenenten auch als Stummenten bezeichnet, denn im Gegensatz zu den übrigen Entenrassen können sie nicht schnattern. Ihre Lautäußerungen ähneln mehr einem leisen Fauchen. Wer lärmempfindliche Nachbarn hat, ist deshalb mit Warzenenten gut beraten.

Obwohl die Warzenenten sehr anpassungsfähig, anspruchslos und widerstandsfähig sind, haben sie ein Manko: ihre frostempfindlichen Füße. In kalten Wintern mit Frost und Schnee ist daher eine längere Stallhaltung und kürzere Auslaufhaltung angesagt.

Warzenenten – hier in der Wildfarbe – besitzen gute Brut- und Muttereigenschaften.

GEFIEDERTE WEGBEGLEITER

WELSH-HARLEKIN-ENTE

Die Welsh-Harlekin-Ente ist eine britische Rasse, die in Wales nach dem Zweiten Weltkrieg aus Campbellenten herausgezüchtet wurde. Captain Bonnet gilt als Erzüchter. Die Rasse war zwischenzeitlich ausgestorben und wurde dann von Eddie Grayson wiedererzüchtet. In Deutschland wurden Welsh-Harlekin-Enten 2002 anerkannt.

Mit einem Gewicht von 2,5 Kilo beim Erpel und 2 Kilo bei der Ente darf man diese Rasse gerade noch so als mittelschwer einstufen. 80 Eier pro Jahr soll die Ente legen.

Die eleganten Welsh-Harlekin-Enten sind wendig, agil und zeichnen sich durch ein lebhaftes Wesen aus. Sie sind bestens zu Fuß unterwegs und dabei stets auf Futtersuche. Schnecken stehen ganz oben auf ihrem Speiseplan, weshalb sie als „Schneckenjäger" bestens eingesetzt werden können. Nicht vergessen werden sollte, dass die Welsh-Harlekin-Enten wie alle Schnecken liebenden Rassen auf ihren Streifzügen

Welsh-Harlekin-Enten suchen als junge Rasse dringend Züchter, denen die Sicherung ihrer Existenz am Herzen liegt.

überall Wassergefäße vorfinden müssen, damit das Schlucken der Schnecken keine Probleme bereitet.

Erfreulich sind bei dieser Rasse die Brutbereitschaft und die fürsorgliche Aufzucht des Nachwuchses. Die Küken zeichnen sich durch Robustheit aus, weshalb eine Kunstbrut und die nachfolgende Aufzucht durch den Menschen in der Regel ebenfalls problemlos verlaufen.

ZWERGENTE

Es wird angenommen, dass Zwergenten ursprünglich nicht zu wirtschaftlichen, sondern zu jagdlichen Zwecken gezüchtet wurden. Jäger aus Ostfriesland, die dort an Seen jagten, sollen aus Stockenten sogenannte Lockenten erzüchtet haben. Sie waren kleiner als Stockenten und sollten die Wildenten anlocken, damit man sie besser erlegen konnte. Man band die zahmen Entchen am Eingang einer Entenfalle fest, und je mehr die kleinen, stimmgewaltigen Tiere riefen, umso mehr wilde Enten lockten sie in die Falle oder vor die Flinte. Neben dieser Entstehungstheorie gibt es noch weitere, unter anderem die, dass die Zwergente ihren Ursprung in Asien hat, wo sie als Parkgeflügel beliebt war. Von dort aus soll sie den Weg nach Europa angetreten haben. Sicher ist, dass Zwergenten letztlich in England rassisch durchgezüchtet wurden.

Mit 900 Gramm beim Erpel und 800 Gramm bei der Ente ist die Zwergente die leichteste in der gesamten Palette der Entenrassen. Dementsprechend agil und lebhaft sind diese Enten auch. Sie gehen emsig auf Futtersuche, wobei ihren gefräßigen Schnäbeln nichts entgeht. Da sie sich gern auf dem Wasser aufhalten, darf eine ausreichend große Schwimm- oder zumindest Badegelegenheit nicht fehlen. Ihre Legeleistung um die 30 Eier pro Jahr entspricht zwei Gelegen. Zwergenten brüten häufig selbst, aber die Eier sind auch kunstbrutfest.

Weil Zwergenten bestens flugfähig sind, sollte man das Auslaufgehege mit einem Netz nach oben absichern. Obwohl die Rasse sehr standorttreu ist, beugt die Flugunterbindung Verlusten vor. Andererseits sind

Klein und voller Power: Die niedlichen Zwergenten wissen, was sie wollen, und bringen das mitunter recht lautstark zum Ausdruck.

einfliegende Zwergenten immer wieder ein tolles Erlebnis.

Zwergenten gibt es in vielen verschiedenen Farbschlägen. Mit ihrem puppigen, dem Kindchenschema entsprechenden Aussehen wirken sie ausgesprochen attraktiv. Kein Wunder, dass sie in Deutschland die beliebteste Entenrasse sind. Wer sich für Zwergenten entscheidet, braucht unbedingt tolerante Nachbarn, denn die kleinen Vögel sind nicht zu überhören.

> *Rote Liste der vom Aussterben bedrohten Entenrassen*
>
> *Zuletzt möchten wir auf neun alte Entenrassen hinweisen, um die sich leider nur wenige Züchter kümmern. Wer Gutes tun möchte, nimmt sich einer dieser Rassen an:*
>
> *Extrem gefährdet:*
> *Aylesburyenten*
> *Pommernenten*
>
> *Stark gefährdet:*
> *Deutsche Pekingenten*
> *Orpingtonenten*
> *Rouenenten*
>
> *Zur Beobachtung:*
> *Hochbrutflugenten*
> *Warzenenten*
> *Laufenten*

In guten wie in schlechten Zeiten

Jetzt wissen Sie schon einiges über Enten; beim Lesen der Porträts hat die eine oder andere Rasse vielleicht bereits Ihr besonderes Interesse geweckt, und so mancher von Ihnen möchte sicher am liebsten gleich morgen zum Züchter fahren, um den Grundstock für die eigene Entenschar zu legen. Dieser Wunsch ist nur allzu verständlich, doch bitte bedenken Sie bei aller Enteneuphorie: Tierhaltung bedeutet, 365 Tage im Jahr Verantwortung zu übernehmen. Ab dem Moment, wo Ihre Enten bei Ihnen Einzug halten, sind Sie in der Pflicht, für deren Wohlergehen zu sorgen. Enten füttern, Stall ausmisten, Auslauf pflegen und Badebecken reinigen, das gehört zukünftig zu Ihren täglichen Aufgaben. Null Bock und „Schlechtwetterfrei" gibt es nicht, denn Ihre Tiere sind auf Sie angewiesen. Spontan übers Wochenende verreisen können Sie als Entenhalter nur, wenn Sie ebenso spontan jemanden finden, der sich während Ihrer Abwesenheit um die Enten kümmert. Und sollte einer Ihrer Lieblinge mal zum Tierarzt müssen, entstehen neben den Kosten für Futter und Einstreu zusätzliche finanzielle Aufwendungen. Wer keinen Teich oder Bachlauf zur Verfügung hat und die Badebecken seiner Enten täglich mit Leitungswasser füllen muss, der hat, von dem Arbeitsaufwand einmal abgesehen, zukünftig auch eine höhere Wasserrechnung. All diese Fakten müssen bei der Entscheidung für oder gegen die Anschaffung von Enten unbedingt berücksichtigt werden.

Damit man sich am Anblick eigener Enten erfreuen kann, muss man auch bereit sein, rund ums Jahr die Verantwortung für diese Tiere zu übernehmen. (Foto: Mariia Golovianko/Shutterstock.com)

Wer Enten halten möchte, sollte vor der Anschaffung unbedingt auch mit seinen Nachbarn über dieses Vorhaben sprechen – „vorn gerührt brennt hinten nicht an". Bei Enten ist in manchen Situationen durchaus mit lebhaftem Gequake zu rechnen. Gerade die possierlichen Zwergenten schlagen, was Lautstärke und Intensität der Stimme betrifft, größere Entenrassen um Längen. Derart lebhafte Rassen sollte man bei Nachbarn mit weniger strapazierfähigem Nervenkostüm besser meiden.

Die ruhigen Warzenenten sind hingegen eine gute Wahl, auch im Hinblick darauf, dass man so zum Erhalt dieser besonderen Rasse beitragen kann.

WAS ENTEN SICH WÜNSCHEN

WAS ENTEN SICH WÜNSCHEN

Wenn Ihre Entscheidung für die Anschaffung eigener Enten nach reiflicher Überlegung schließlich gefallen ist, möchten Sie im nächsten Schritt sicher genauer wissen, was Enten alles brauchen, um glücklich zu sein. Hier die Wunschliste der „Quaker" in Kürze:

- eine ausreichend große Fläche gut bewachsenes Grünland mit einem schattigen Plätzchen,
- eine Schwimm- oder zumindest eine saubere Badegelegenheit,
- ein trockener, zugluftfreier und raubtiersicherer Stall zum Nächtigen,
- frisches, kühles Trinkwasser zur freien Verfügung,
- genügend gesundes Futter,
- Artgenossen zur Gesellschaft
- und schließlich liebevolle Menschen, die eine gewissenhafte Versorgung gewährleisten.

Im Folgenden möchten wir diese Wünsche detaillierter betrachten und aufzeigen, wie man sie erfüllen kann. Damit Ihre Hobbyentenhaltung dennoch nicht zur Arbeitsfalle wird, sondern die entspannende Freizeitbereicherung ist, die Sie sich wünschen, sollten Sie bei aller Entenliebe besonnen bleiben und in Ihrem eigenen Interesse nicht zu viele Enten halten. Wie der Volksmund schon sagt: „Eine Kuh macht muh, viele Kühe machen Mühe" – denken Sie daran.

WAS ENTEN SICH WÜNSCHEN

Der Entenauslauf

Enten sind aktive, bewegungsfreudige Zeitgenossen, und sie sind Mischköstler, was bedeutet, dass neben Getreide, Schnecken, Raupen, Würmern und Insekten auch Grünzeug auf ihrem täglichen Speiseplan steht. Eine grundlegende Voraussetzung für die artgerechte Haltung dieser Tiere ist daher ein ausreichend großes, gut bewachsenes Wiesenareal. Je größer ein Auslauf ist, desto besser! Auf größeren Flächen finden die Enten ein abwechslungsreiches Nahrungsangebot vor, sie sind hygienischer und die Grasnarbe leidet hier nicht zu sehr. Enten haben zwar nicht so einen scharfen, tiefen Biss wie Gänse, fressen aber so einiges an Grünfutter weg. Schwere Rassen wie Warzenenten trampeln aufgrund ihres Gewichts außerdem allerhand nieder. An Plätzen, an denen sich die Tiere oft aufhalten, wächst das Gras nicht mehr sonderlich gut – und wenn es dann auch noch regnet, ist der nun wasserdurchtränkte Wiesengrund ein wahres Eldorado für Enten. Von ihrem Instinkt getrieben, durchwühlen sie mit ihren Schnäbeln die obere Erdschicht nach tierischen Snacks und treiben hierbei so manche Vertiefung in den Boden. „Gründeln" nennt man das. In verregneten Jahren verwandeln Enten ihren Auslauf auf diese Weise schnell in eine Schlammwüste. Ein größerer Auslauf macht sich gerade in solchen Zeiten bezahlt, weil man diesen unterteilen kann, um die Flächen abwechselnd zu schonen. Diese sogenannten Portionsweiden bieten den Vorteil, dass die Tiere öfter auf frischem Grün sind und die Flora auf dem benutzten Auslauf sich nach dem Umtrieb regenerieren kann. Um wieder einen einheitlichen Pflanzenwuchs zu erreichen, sollte die ruhende Fläche gemäht und mit Nährstoffen versorgt werden. Hierzu eignet sich beispielsweise Urgesteinsmehl. Das reine Naturprodukt wirkt sich positiv auf das Wachstum und die Widerstandsfähigkeit der Grasnarbe aus.

SCHATTENPLÄTZE

An schattigen Plätzen darf es auf einem Auslauf für Enten niemals fehlen. Gerade in der heißen Sommerzeit brauchen die Vögel unbedingt einen kühleren Zufluchtsort, denn unter ihrem Federkleid entwickelt sich schnell eine beachtliche Wärme. Wenn nicht genügend Schatten spendende Gehölze auf dem Auslauf vorhanden sind, muss man zu Akkuschrauber und Vorschlaghammer greifen und für eine Alternative sorgen. Mit Rundhölzern, Dachlatten und günstigen Flechtzaunelementen vom Baumarkt sowie etwas handwerklichem Geschick lassen sich mit wenig Aufwand stabile Schattenhäuschen errichten.

PFLANZEN

Sträucher und Bäume gehören in einen Geflügelauslauf, denn Enten möchten sich ebenso wenig wie wir ständig auf dem Präsentierteller befinden. Unter Gehölzen finden die Vögel Schutz und Deckung sowie einen Rückzugsraum für ihr Mittagsnickerchen. Ideal ist ein Areal mit altem Baumbestand oder eine Streuobstwiese. Aber auch

DER ENTENAUSLAUF

neu angelegte Ausläufe lassen sich mit etwas Fantasie attraktiv gestalten. Wenn Sie einen grünen Daumen haben und für sich und Ihre „Quaker" ein kleines Paradies anlegen möchten – nur zu, Sie erschaffen sich damit ein Stückchen Lebensqualität. Damit Lebendiges auch lebendig bleibt, bedarf es allerdings geeigneter Schutzmaßnahmen, sonst werden die neu gepflanzten Sträucher nicht alt. Estrichmatten vom Baumarkt lassen sich biegen, sind günstig und schützen die Pflanzen sicher vor den gefräßigen Entenschnäbeln.

ZAUN

Wer noch keinen fest eingezäunten Auslauf hat, steht, was die Art der Umzäunung betrifft, oftmals vor der Qual der Wahl. Am schönsten sind Zäune, die sich dezent ins Landschaftsbild einfügen, etwa Einstabmattenzäune in Grün. Sie wirken edel, sind stabil und lassen sich schnell miteinander verbinden – aber sie haben ihren Preis. Etwas günstiger und ebenso pflegeleicht wie unverwüstlich ist der altbewährte, grün ummantelte Maschendrahtzaun.

Ein alter Obstbaumbestand bietet diesen weißen Deutschen Campbellenten Schatten und Schutz. Im Hintergrund ist ein Einstabmattenzaun zu erkennen.

WAS ENTEN SICH WÜNSCHEN

Für größere Areale eignen sich Wildschutzzäune. Sie sind erschwinglich, stabil, pflegeleicht und lassen sich zudem praktischerweise am unteren Ende nach außen hin umschlagen. Um Räuber am Untergraben zu hindern, versenkt man das umgeschlagene Ende entweder tief im Erdreich oder man befestigt es mit Erdankern, sodass der Zaun ins Gras einwächst; auch das ist sicher. Wer sich für einen Wildschutzzaun entscheidet, sollte unbedingt ein Modell wählen, das nach unten hin engmaschig wird, sonst zwängen sich womöglich Entenküken oder auch kleinere Raubtiere hindurch. Die Kleinsten der Kleinen, wie Hochbrutflug- oder Zwergentenküken, schlüpfen aber selbst hier noch locker nach draußen. Für diese Winzlinge muss man das untere Zaunende zusätzlich mit entsprechend kleinmaschigem Drahtgeflecht sichern. Eine Zaunmindesthöhe von 1 Meter ist empfehlenswert. Wer Probleme mit Füchsen hat, sollte höhere Zäune bauen und im unteren Bereich der Außenpfosten (auf Fuchshöhe) drei Reihen Elektrozaun (Breitbandlitze oder Draht) anbringen, der auch nachts aktiviert ist. So machen sich Raubtiere erst gar nicht am Zaun zu schaffen.

Handelsübliche Elektrozaun-Geflügelnetze kommen immer häufiger zum Einsatz. Sie sind schnell gesteckt, man kann sie ab und zu versetzen, damit die Tiere öfter auf frisches Grün kommen, und sie sind eine Alternative, wenn das Errichten einer festen, dauerhaften Einzäunung untersagt ist. Diese Netze sind aber nur sicher, wenn sie in Verbindung mit einem geeigneten, leistungsstarken Weidezaungerät eingesetzt werden.

Ein ab der zweiten Feder gestutzter Flügel (die erste bleibt aus optischen Gründen) hindert die Ente am Wegfliegen. (Foto: tagstiles.com – S. Gruene/Shutterstock.com)

Durch einen unsachgemäßen, stromlosen Einsatz solcher Netze haben schon einige Enten ihr Leben verloren. Sie haben den Kopf durch die Maschen gesteckt, sind unglücklich hängen geblieben, haben sich während ihrer Befreiungsversuche im Gitternetz verstrickt und schließlich zu Tode stranguliert. Damit der Stromfluss ständig gewährleistet ist, muss das Gras im Bereich des Zauns stets kurz gehalten werden. Das gilt auch für die zuvor genannte Elektrozaunlitze zur Sicherung des Wildzauns.

Wer sich für einen Holzzaun entscheidet, sollte wissen: Modelle mit nebeneinandergenagelten Latten können für Enten eine Gefahr darstellen. Achten Sie deshalb darauf, dass der Lattenabstand so gering ist, dass kein Entenkopf hindurchpasst. Auch der Abstand zwischen dem unteren Zaunende und dem Boden sollte nach diesem Kriterium gewählt werden. Sonst gerät womöglich eine Ente beim Kopfhochnehmen mit dem Hals zwischen die Latten. Bei bereits vorhandenen Zäunen mit zu großen Abständen empfiehlt es sich, die Zaunlatten am unteren Ende mit Querlatten zu versiegeln. Niedrigere Zäune mit oben angespitzten Latten sollten für flugfähige Rassen zur Sicherheit mit Querlatten an den Spitzen „entschärft" werden.

Im Gemüsegarten eignen sich, gerade für Küken, versetzbare Gatter. Man baut aus Latten mehrere stabile, 2 bis 3 Meter lange und ungefähr 60 Zentimeter hohe Rahmen und bespannt diese mit Hasen- oder Volierendraht. Anschließend kann man sie, beispielsweise durch Haken und Ösen, miteinander verbinden und hat nun die Möglichkeit, das Gatter beliebig aufzustellen. Ein darübergespanntes Netz schützt die Kleinen vor Greifvögeln oder Katzen.

ABSICHERUNG NACH OBEN

Neben Greifvögeln stellen auch Raben, Krähen, Elstern, Eichelhäher und Möwen eine Gefahr für Enten dar, besonders für Küken. Die schlauen Lufträuber studieren genau, wann und wo es was zu holen gibt. Ob Bruteier, Küken oder kleinere Enten, sie fressen, was sich anbietet. Raben, Krähen und Elstern schlagen teilweise in der Gruppe zu und löschen ganze Gelege aus. Aufgrund ihrer großen Population sind sie für viele Züchter inzwischen ein ernstes Problem. Gegen Lufträuber hilft nur das Überzäunen des Auslaufs mit stabilen Netzen oder, bei größeren Arealen, das Anpflanzen zahlreicher Büsche, unter denen die Enten rasch Deckung finden. In landwirtschaftlichen Betrieben bieten zum Beispiel auch abgestellte Anhänger Schutz.

Wer bei flugfähigen Rassen das Fliegen unterbinden möchte, muss den kompletten Auslauf ebenfalls mit Netzen nach oben hin absichern oder den Enten einer ihrer beiden Flügel stutzen, also dessen Schwungfedern ein Stück abschneiden. Das ist völlig schmerzlos, man muss jedoch unbedingt darauf achten, nur hundertprozentig ausgereifte, also blutleere Federkiele zu kürzen. Die Tiere sind dann flugunfähig, weil sie das Gleichgewicht nicht mehr halten können.

TRINKWASSERVERSORGUNG

Badewasser ist nicht gleich Trinkwasser. Den Enten sollte daher immer sauberes und kühles Wasser angeboten werden, das speziell zum Trinken gedacht ist. Beachten Sie, dass Wasser ab einer Temperatur von 25 Grad Celsius von den Enten nur noch bedingt und bei noch stärkerer Erwärmung gar nicht mehr aufgenommen wird. Ausreichend frei verfügbares Trinkwasser ist wichtig, damit die Enten nach dem Vertilgen von Schnecken den Schleim gut hinunterspülen können.

Als Wassergefäße eignen sich Doppelzylinder-Geflügeltränken mit breitem Trinkrand, die auf einen Sockel gestellt werden sollten. Sie haben den Vorteil, dass keine

Wildvögel hineinkoten, wie das bei Schalen manchmal der Fall ist, und das Wasser nicht so schnell verschmutzt.

Enten brauchen Wasser

In freier Wildbahn verbringen Enten den größten Teil des Tages im Wasser. Und auch Hausenten brauchen eine Schwimm- oder zumindest eine Badegelegenheit, um sich wohlzufühlen. Das tägliche Bad hilft auch dabei, ihr Gefieder in einem Topzustand zu halten. Das ist wichtig, denn nur ein intaktes Federkleid bietet Vögeln Schutz vor ungünstigen Umweltbedingungen, weshalb Enten täglich viel Zeit mit der Gefiederpflege verbringen. Vorwiegend nach dem Frühstück wird gewaschen, gefettet und geglättet, was das Zeug hält. Das gelbliche, ölige Sekret für die Imprägnierung des Gefieders entnehmen die Enten ihrer Bürzeldrüse, die sich an der Schwanzoberseite befindet. Es glättet die Federn, hält sie geschmeidig und schützt vor Durchnässung, was sehr wichtig ist, weil durchnässte Enten so schwer werden, dass sie in tiefen Gewässern untergehen und ertrinken können.

Das bereitgestellte Badebecken sollte so tief sein, dass die Enten ihren Kopf gut unter Wasser tauchen können, um Schmutzpartikelchen aus ihren Augen und den Nasenöffnungen zu spülen. Das ist die beste Vorbeugung gegen Augenentzündungen oder Entzündungen im Nasenbereich.

Wahre Glückspilze sind diejenigen, die ihren Enten ein großes Naturgewässer mit Frischwasserzulauf oder einen größeren Bachlauf bieten können. Vorausgesetzt die Wasserqualität stimmt, ist die Wasser- und Badefrage damit geklärt. Besitzer eines kleinen stehenden Gewässers sollten besser eine künstliche Bademöglichkeit schaffen, der Gesundheit ihrer Enten zuliebe. Denn gerade in kleinen Tümpeln erfolgt keine ausreichende biologische Selbstreinigung. Koten dann noch Enten hinein, gleicht das Wasser schnell einer Jauche; trinken die Tiere davon, bleiben Krankheiten nicht aus.

Uferzonen von natürlichen Gewässern sollte man auf jeden Fall befestigen, sonst werden sie von den Enten schnell in einen

Mit dem Schnabel stimuliert die Ente ihre Bürzeldrüse und verteilt das ölige Drüsensekret auf dem Gefieder. (Foto: Tierfotoagentur.de/A. Brillen)

Morast verwandelt. Zur Befestigung eignet sich beispielsweise Weidengeflecht, das mit Kies aufgefüllt wird.

KÜNSTLICH ANGELEGTE ENTENBASSINS

Hier gibt es verschiedenste Möglichkeiten, und der Kreativität sind keine Grenzen gesetzt. Bedenken Sie aber bei aller Liebe zum Detail, dass Ihr Entenschwimmbad in erster Linie gut zu reinigen sein und sich hinsichtlich seiner Größe nach der vorhandenen Wasserquelle richten sollte. Enten verschmutzen ihr Badewasser schnell, sodass es in kleineren Becken täglich erneuert werden muss. Eine Wassertiefe von circa 40 Zentimetern wird als ideal angesehen. Lassen Sie das Becken zum Rand hin flach auslaufen, damit die Tiere gut rein- und wieder rauskommen. Das ist besonders für Küken wichtig. In einer flachen Zone finden auch schwere Rassen den für die gemeinsame Balance während ihres Tretaktes nötigen Halt. Der Uferrand darf nicht zu hoch und keineswegs zu steinig und uneben sein. Enten flattern manchmal übermütig vom Wasser aufs Land; auf unebenen Flächen droht dabei Verletzungsgefahr. Weil auch das Umfeld einer Badegelegenheit infolge des Spritzwassers schnell einem Morast gleicht, sollte dieser Bereich von vornherein befestigt werden. Gut geeignet sind Holz- oder Kunststofflattenroste, Betonplatten oder ein Kiesbett.

Eine gute Bademöglichkeit sind betonierte Schwimmbecken. Sie sind langlebig, gut zu reinigen und können nach Maß modelliert werden. Errichtet man sie auf einer kleinen Anhöhe und versieht sie mit einem Abflussrohr (es gibt welche mit Schraubverschluss), kann man das verschmutzte Wasser leicht über weitere Wasserrohre in die gewünschte Richtung ablaufen lassen. Nur bitte nicht auf den Entenauslauf, sonst bilden sich sehr bald dauernasse Stellen, in denen sich allerhand Keime und Darmparasiten ansiedeln.

Mit einer entsprechend dicken Teichfolie lässt sich ebenfalls schnell ein Entenbad errichten, das man über eine Abwasserpumpe gut leer laufen lassen kann. Folienbecken eignen sich aber nur für kleine Entenrassen. Bei größeren Rassen, insbesondere Warzenenten, wird die Teichfolie im Flachwasserbereich den Krallen der Entenfüße nicht lange standhalten.

Eine leicht umsetzbare Alternative bietet eine ausrangierte Duschwanne mit höherem

Vorsicht, Falle!

Wer Entennachwuchs hat und als Tränke größere, mit Wasser gefüllte Schalen, Töpfe oder Kübel verwendet, muss diese Gefäße so sichern, dass die Küken nicht hineinklettern können. Sollte ihnen das gelingen, beginnen sie sogleich, darin zu baden und zu planschen, wodurch der Wasserspiegel so weit sinkt, dass sie später nicht mehr aus dem Gefäß hinausklettern können. Auf diese Weise sind schon unzählige Küken ertrunken.

Rand. Wird diese idealerweise auf einer kleinen Anhöhe installiert, lässt sich der Wasserablauf wie für das betonierte Becken beschrieben gestalten. Auch hier gilt: Der Bereich um die Wanne muss befestigt werden. Für Entenküken müssen unbedingt geeignete Steine als Ausstiegsmöglichkeit hineingelegt werden, da sie sonst aus der glatten Wanne nicht mehr hinauskommen und vor Erschöpfung ertrinken könnten.

Sandmuscheln für Kinder sind eine kostengünstige Alternative für drei bis vier Enten. Einige größere Steine am Wannenrand dienen den Tieren als Einstiegsmöglichkeit. Damit sie ihr Bad problemlos wieder verlassen können, muss man auch hier unbedingt eine geeignete Ausstiegsmöglichkeit (größerer Stein) schaffen, sonst werden Sandmuscheln wegen ihres steilen Rands besonders für kleinere Jungenten leicht zur verhängnisvollen Falle. Für Küken eignen sich Sandmuscheln keinesfalls! Das verschmutzte Wasser sollte man übrigens nicht einfach nach vorn auskippen – denken Sie an den Morast, der dann schnell um die Muschel herum entsteht. Das Wasser wird besser mit einem Eimer ausgeschöpft und an geeigneter Stelle entsorgt.

NATURNAH GESTALTETE TEICHE

Wer über genug Elan, Platz und Wasser verfügt, kann einen größeren naturnahen Teich anlegen. Bedenken Sie aber bei der Planung stets, dass Sie Enten auf diesem Gewässer halten möchten!

Teichbecken, die komplett mit größeren, unverfugten Natursteinfindlingen an-, beziehungsweise ausgelegt sind, sehen zwar toll aus, sind erfahrungsgemäß aber keinesfalls praktisch, weil man sie nur schwer reinigen kann. In den Zwischenräumen sammelt sich schon nach kurzer Zeit jede Menge Schmodder und Wurmgetier, und es ist nahezu unmöglich, sie von all dem wieder zu befreien. Für Enten können solche Teichbecken außerdem zur tödlichen Falle werden, wenn zwischen den Steinen größere Spalten vorhanden sind. Taucht eine Ente und gründelt in den Ritzen nach Fressbarem, kann sie mit dem Kopf unglücklich zwischen zwei Steine geraten, dort hängen bleiben und ertrinken.

Aus dem gleichen Grund sollten auch Schmutzfanggitter in Gewässern auf ihren Stababstand überprüft werden. Wenn leistungsstarke Teichfilter zum Einsatz kom-

Vorsicht bei Frost!

Zugefrorene Gewässer sollten auch zu bleiben! Es gab schon wohlmeinende Entenhalter, die an einer Stelle ein Loch ins Eis geschlagen haben, damit ihre Tiere baden können. Die Enten gingen ins Wasser, sind abgetaucht, unter die Eisdecke geraten und ertrunken. Im Winter wird daher nur gebadet, wenn es die Außentemperaturen erlauben.

men, müssen unbedingt die Sicherheitshinweise beachtet werden, denn die Sogkraft eines großen Wasserfilters ist nicht zu unterschätzen.

Wenn Sie neben Enten auch Fische im Teich halten möchten – nur zu! Solange es sich um größere Exemplare handelt, sind keine Probleme zu erwarten. Kleinere Fische hingegen werden von den Enten kurzerhand aufgefressen. In entsprechend großen Teichen mit Frischwasserzufluss sind Karpfen die ideale Gesellschaft für Enten. Im Interesse des Wohlergehens von Enten und Fischen dürfen Gewässer aber nicht zu stark belegt werden, weil es sonst zur Überkotung und in der Folge zum Umkippen des Teiches kommt. Kranke Enten und tote Fische bleiben dann nicht aus. Auch hier gilt: Die Uferzonen, sprich Einlaufbereiche der Enten, müssen unbedingt auf geeignete Weise befestigt werden.

Bambus oder ähnliche Grünpflanzen passen optisch selbstverständlich toll an einen Teich! Da Enten aber viele Pflanzen, besonders neu gesetzte, zum Fressen gern haben, müssen Sie auch hier geeignete Schutzmaßnahmen einplanen, wenn Sie sich länger an dem Anblick eines begrünten Teiches erfreuen möchten.

Der Entenstall

Enten sind robust und stellen an ihren Stall keine besonders hohen Ansprüche. Sie sind zufrieden, wenn es darin schön hell, trocken und zugluftfrei ist. Berücksichtigen Sie bei der Wahl des Standortes auch die gegebenen

Nur mit Genehmigung!

Bevor Sie nun euphorisch drauflos zimmern, sollten Sie zunächst bei der zuständigen Behörde anfragen, ob Ihr geplantes Stallvorhaben genehmigungspflichtig ist, und gegebenenfalls eine Baugenehmigung beantragen. Sonst flattert Ihnen womöglich eine Abrissverfügung ins Haus, noch bevor Sie überhaupt Tiere eingestallt haben.

klimatischen Verhältnisse, vor allem die Hauptwindrichtung. An der entsprechenden Seite dürfen keinesfalls Auslaufklappen oder Fenster angebracht werden. Diese gehören idealerweise an die Südfront.

Enten sind von schreckhafter Natur, weshalb Fenster möglichst hoch eingebaut werden sollten; Schatten vorbeigehender Personen bedeuten für Enten immer „Geisterstunde". Vorteilhaft ist es, das Gebäude auf einem leicht abschüssigen Gelände zu errichten, weil hier Regen- und Schmelzwasser abfließen können.

Geflügelställe gehören der Hygiene wegen immer auf ein festes Fundament. Ein solches verhindert auch, dass sich Raubtiere von unten in den Stall graben können. Am besten eignet sich ein Zementboden, in den zur Wärmedäm-

WAS ENTEN SICH WÜNSCHEN

Ein Windschutzkasten (Vordach) als Anschleppung am Stallgebäude schützt den Eingangsbereich vor ungünstiger Witterung.

mung Ziegelsteine eingegossen werden. Gegen aufsteigende Bodenfeuchte und -kälte bedarf es entsprechender Vorkehrungen im Fundament, das höher als die äußere Umgebung sein muss, damit der Stall gegen das Eindringen von Regenwasser und Schnee geschützt ist.

Massiv gemauerte Gebäude sind, was die Hygiene betrifft, optimal. Aber auch ein Holzstall kann durchaus seinen Zweck erfüllen. Die Wandverkleidung muss jedoch zumindest in Tierhöhe so beschaffen sein, dass sie sich gut reinigen und desinfizieren lässt. Der Stall sollte so hoch sein, dass Sie ihn stehend entmisten können. Ein Stromanschluss und eine Lichtquelle vor dem und im Gebäude sind vorteilhaft. Eine Haupttür ermöglicht Ihnen den Zugang, für die Enten gibt es ebenerdig angebrachte Auslaufklappen. Deren Größe richtet sich nach der Rasse, die den Stall bewohnen wird. Tür und Auslaufklappe müssen gut schließen, weil Zugluft Enten krank macht. Achten Sie bei Ihrem Entenstall auf eine gute Be- und Entlüftung, denn das Stallklima hat großen Einfluss auf das Wohlbefinden und die Vitalität der Tiere. Niedrige Temperaturen machen

Enten weniger aus als zu hohe. Auf letztere reagieren sie sehr empfindlich, weil sie keine Schweißdrüsen besitzen und das isolierende Fettdepot in ihrer Unterhaut sowie ihr dichtes Daunengefieder den Wärmeabfluss einschränken. Variable, gegebenenfalls austauschbare Fenster machen sich gerade in kleineren Ställen bezahlt. Statt der Fenster werden ab dem Frühjahr bis zum Herbst Holzrahmen mit engmaschigen Gittern eingehängt. Fest installierte Fenster sichert man mit einem engmaschigen Volierendraht, damit man sie an warmen Tagen öffnen kann. Noch besser als ein geöffnetes Fenster ist aber ein Luftabzug über den First und den Ortgang (siehe Abbildung).

Die Größe des Stalls hängt von der Rasse und Anzahl der Enten ab, die man darin halten möchte. Er muss den Tieren genügend Bewegungsfreiheit bieten. Pro Ente rechnet man einen halben Quadratmeter Fläche. Eventueller Entennachwuchs sollte in die Planung miteinbezogen werden.

EINSTREU

Enten wünschen eine trockene, staubarme und keinesfalls stockige Einstreu. Wie wir Menschen auch, möchten sie zum Schlafen ein sauberes „Bett" vorfinden. Die Einstreu im Entenstall muss so beschaffen sein, dass sie den Tieren ein angenehmes Nachtlager bietet und die Feuchtigkeit ihrer Ausscheidungen gut aufsaugt. Hierfür eignen sich am besten Weizen- oder Gerstenstroh, Strohhäcksel oder trockene Hobelspäne von unbehandelten Nadelhölzern, wie sie in Baumärkten oder im Landhandel für Tiere angeboten werden.

Es ist besser, etwas sparsamer einzustreuen und die verschmutzte Einstreu täglich zu erneuern. In der kalten Jahreszeit schützt eine reichliche Stroheinstreu oder eine täglich frisch überstreute Einstreumatratze (wie sie aus der Pferde- oder Kaninchenhaltung bekannt ist) die Tiere vor Bodenfrost. Bei der Matratzenhaltung wird nicht täglich ausgemistet, sondern immer nur frisches Stroh auf die benutzte Einstreu gegeben, damit die Tiere stets trocken liegen. Komplett gemistet wird nach Notwen-

Luft gut, alles gut. So funktioniert die Lüftung mit Luftschlitzen.

digkeit. Viele Entenhalter praktizieren die Matratzenhaltung das ganze Jahr über, weil sie Stroh und auch Zeit spart.

Liebe geht durch den Entenmagen

In der Entenhaltung ist Fütterung nicht alles, aber ohne eine ausgewogene, art-, bedarfs- und umweltgerechte Fütterung ist alles nichts. Aufgrund der steigenden Futtermittelpreise muss auch der Preiswürdigkeit zunehmend Beachtung geschenkt werden.

Die Ernährung unserer Enten ist recht einfach, denn sie sind Allesfresser und sozusagen die „Schweine" unter den Geflügelarten. Die ideale Grundlage, um die gute Gesundheit und Fortpflanzungsfähigkeit der Enten zu erhalten, bieten eine große Weidefläche mit vielen verschiedenartigen Gräsern und Kräutern – nicht umsonst gelten kräuterreiche Wiesen als „Apotheken Gottes" – sowie ein natürliches Gewässer. Hier finden die Enten sowohl Grünfutter als auch Schnecken, Würmer, Wassergetier und Insektenlarven, mit denen sie ihren Bedarf an tierischem Eiweiß decken können. Sind die Bedingungen nicht dazu geeignet, dass sich die Enten in ausreichendem Maß selbst versorgen können, müssen alternative Futtermittel zum Ausgleich bereitgestellt werden, wodurch die Futterkosten bis auf das Doppelte steigen können.

Da frisches Grünzeug einen wichtigen Bestandteil des Entenfutters darstellt, muss bei unzureichendem Weideland frisch geschnittenes Grün in einer Raufe angeboten werden. Füttern Sie aber keinesfalls Mähabfälle aus dem Fangkorb Ihres Rasenmähers. Das nasse, klumpige Gras kann sich im Kropf festsetzen, was zu akuten Kropfverstopfungen und tödlichen Koliken führt. In der vegetationsarmen Zeit freuen sich Enten über Salat und Gemüse aus dem Supermarkt.

GEEIGNETE FUTTERMITTEL

Getreide, am besten geschrotet oder gequetscht, ist der Hauptbestandteil einer Ration. Wir empfehlen Hafer, Gerste, Weizen und Mais, in geringem Anteil auch Triticale, jedoch keinen Roggen. Als weiteres Energiefutter können Brot und gedämpfte Kartoffeln angeboten werden. Zur Eiweißergänzung kann Sojaschrot dienen, das maximal 20 Prozent der Ration ausmachen sollte. Außerdem eignen sich Bierhefe (bis 5 Prozent – wichtig für die Gefiederbildung), Erbsen und Bohnen (je bis 20 Prozent), Rapsextraktionsschot (bis 10 Prozent) und Kartoffeleiweiß (bis 5 Prozent).

Kombinierte Mineralstoff-Vitamin-Futterergänzungsmittel helfen, den Bedarf an Mengen- und Spurenelementen sowie Vitaminen und essenziellen Aminosäuren zu decken. In der Geflügelhaltung ist Methionin die wichtigste Aminosäure. Dank ihr können Eiweißfuttermittel in der Ration reduziert werden. Wer auf Einzelkomponenten verzichten will, setzt zu der Getreidemischung ein Ergänzungsfutter aus dem Handel ein.

Ein kulinarisches Highlight stellt für Enten zweifellos eine Weichfuttermischung dar. Sie hat eine feuchte, feinkrümelige Konsistenz und wird aus zehn Teilen Mischfutter sowie

LIEBE GEHT DURCH DEN ENTENMAGEN

bis zu vier Teilen Wasser angerührt. Zur Herstellung bietet sich ein Muser an. Das Mischfutter besteht aus Küchen- und Gartenabfällen (bitte nichts Vergammeltes oder Schimmliges und auch nicht zu viel Obst, denn dieses verursacht Verdauungsprobleme) sowie der bereits erwähnten Trockenfuttermischung. Gerade wenn es Küchenabfälle gibt, läuft Enten das Wasser im Schnabel zusammen. Bei kochsalzhaltigen Lebensmitteln ist aber Vorsicht geboten, da erhöhte Kochsalzgaben zu Störungen der Nierentätigkeit führen. Wegen der Gefahr einer Salmonelleninfektion muss man Küchenabfälle unbedingt aufbereiten (abkochen), bevor sie Bestandteil des Weichfutters werden. Weichfutter sollte innerhalb von 20 Minuten leer gefressen sein (siehe Abschnitt „Futtermittelhygiene"). Beachten Sie bitte auch, dass Speiseabfälle nur unter bestimmten Voraussetzungen an Nutztiere verfüttert werden dürfen. Fragen Sie im Zweifelsfall bei Ihrem zuständigen Veterinäramt nach. So sind Sie auf der sicheren Seite.

Wenn Sie wenig Zeit haben und bereit sind, etwas mehr Geld zu investieren, können Sie ein handelsübliches Fertigfutter für

Reste aus der Küche sind für Enten ein besonderer Leckerbissen. (Foto: Tierfotoagentur.de/S. Schwerdtfeger)

Enten verwenden, das es für unterschiedliche Bedürfnisse gibt. Werfen Sie beim Kauf sicherheitshalber einen Blick auf den Sackanhänger, um den Futtertyp zu prüfen (etwa Starterfutter, Mastfutter, Zuchtfutter), damit Sie wirklich das Gewünschte erwerben. Achten Sie auch auf das Haltbarkeitsdatum – die Wirkung der Vitamine ist nach dessen Ablauf geringer.

Wichtig: An Wassergeflügel darf kein Hühnerfertigfutter mit zugesetzten Kokzidiostatika (Sammelbegriff für verschiedene Medikamente zur Verhütung der Darmerkrankung Kokzidiose) verfüttert werden, da diese bei Enten toxisch wirken.

FÜTTERUNG DER KLEINSTEN

Den ganz Kleinen sollten Sie in der ersten Zeit nach dem Schlupf ausschließlich ein im Handel erhältliches Starterfutter für Enten- und Gänseküken füttern. Bitte beachten Sie die Fütterungsempfehlung des Herstellers. Das Futter wird zunächst in einem flachen Gefäß angeboten. Anfangs zerkleinert man die Pellets etwas mit der Küchenmaschine, dann sind sie schnabelgerechter. An den ersten beiden Tagen feuchtet man die Futterpellets außerdem mit etwas Kamillentee an und gibt ein paar Krümel hart gekochtes Eigelb darüber. Später gibt es kein Eigelb mehr, dafür mischt man, wenn vorhanden, klein geschnittene Brennnesselspitzen unter die Pellets. Die lassen sich prima zusammen mit den Starterpellets in der Küchenmaschine zerkleinern.

Füttern Sie lieber öfter kleine Portionen, damit das Futter immer frisch ist. Gefüttert wird ad libitum, also so viel, wie die Küken fressen möchten. Ein früher Weidegang ist für Entenküken ebenfalls vorteilhaft. Junges, frisches Gras und Kräuter bringen ihr Immunsystem so richtig in Schwung. Bei kalter und nasser Witterung, wenn die Küken im Stall bleiben müssen, befüllt man Tonschalen mit sorgfältig zerkleinertem Löwenzahn und Brennnesselspitzen (wenn vorhanden), die man mit einer kleinen Prise Vogelsand bestreut. Dieser frische Snack wird zusätzlich zum Aufzuchtfutter gereicht.

In den ersten beiden Tagen bekommen die Küken Kamillentee in ihre Tränke, das ist gut für ihr Verdauungssystem. Danach gibt es Wasser.

FÜTTERUNG ÄLTERER KÜKEN

Im Handel gibt es Wassergeflügelaufzuchtfutter für Küken ab der vierten bis sechsten Lebenswoche (herstellerabhängig), das anfangs noch mit dem Starterfutter und später mit Getreide verschnitten wird. Wer möchte,

> *Begrüßungsfutter*
>
> *Es ist von Vorteil, beim Erwerb neuer Enten etwas vertrautes Futter von deren Züchter mit nach Hause zu nehmen. Das erleichtert den Tieren die Eingewöhnung.*

Frisch geschlüpfte Entenküken haben hinsichtlich der Fütterung besondere Bedürfnisse. (Foto: Dr. Tobias Schott)

kann nun mit der Beigabe von Weichfutter beginnen. Es wird zusätzlich zum Aufzuchtfutter angeboten. Für Küken stellt man es aus gekochten Kartoffeln, hart gekochten Eiern und reichlich klein geschnittenem Grünzeug her.

FÜTTERUNG VON JUNGTIEREN FÜR DIE ZUCHT

Die Futterration von Enten richtet sich jeweils nach Rasse und Gewicht. Anhaltspunkt: Für Pekingenten mit einem Gewicht von cirka 3,5 Kilo sind 150 Gramm Getreideschrot pro Tier und Tag ausreichend, sofern genügend Weidefläche vorhanden ist. Wenn das nicht der Fall ist, muss die Futtermischung optimiert werden, sodass sie aus 90 Prozent Getreideschrot, 6 Prozent Sojaschrot, 2 Prozent Bierhefe und 2 Prozent Mineralfutter besteht. Wir kennen Laufentenhalter ohne Ausstellungsambitionen, die bei ausreichendem Grün- und Gartenland lediglich Hafer, Weizen und Gerste zufüttern. Die Tiere sehen zu jeder Zeit prächtig aus.

FÜTTERUNG IN DER LEGEPERIODE

In dieser Zeit sollte der Getreideanteil reduziert und der Eiweiß- und Mineralfutteranteil angehoben werden. Empfehlenswert sind etwa 80 Prozent Getreideschrot, 12 Prozent Sojaschrot, 5 Prozent Bierhefe und 3 Prozent Mineralfutter. Wenn genug Grünfutter vorhanden ist, beträgt die Kraftfutterration circa 190 Gramm pro Tier und Tag. Dies gilt als Anhaltspunkt für Rassen mit einem Gewicht von 3 bis 3,5 Kilo. Muschelschalenschrot (1 bis 2,5 Millimeter) sollte zur freien Verfügung angeboten werden. Er sorgt für eine gute Eischale.

Die benötigte Kraftfuttermenge hängt stark von der Legeintensität und damit dem Hunger der Tiere ab. Beobachten Sie Ihre Enten und passen Sie die Fütterung wenn nötig an. Das Sprichwort „Das Auge des Herrn mästet das Vieh" gilt auch in diesem Fall.

In der Legeruhe wird gefüttert wie im Abschnitt „Fütterung von Jungtieren für die Zucht" beschrieben.

WAS ENTEN SICH WÜNSCHEN

GRIT

Bei Vögeln findet die Nahrungszerkleinerung im Muskelmagen statt, der auch als Kaumagen bezeichnet wird. Um diesen Prozess zu unterstützen, sollte man den Tieren in gesonderten Schalen sogenannten Grit bereitstellen. Hierfür eignet sich Muschelgrit (1 bis 2,5 Millimeter) oder grober Vogelsand. Küken bekommen normalen Vogelsand.

FUTTERGEFÄSSE UND FUTTERPLATZ

Bei Küken verwendet man während der ersten Tage möglichst flache Gefäße. Danach eignen sich Krippen aus Kunststoff (ohne Fressgitter) oder glasierte Kaninchenfuttertröge. Beobachten Sie Ihre Tiere, um zu sehen, ob alle zur gleichen Zeit ungestört fressen können. Wichtig ist, dass stets genügend Futtergefäße vorhanden beziehungsweise die Krippen lang genug sind. Nur so ist gewährleistet, dass auch rangniedrigere Tiere zum Zuge kommen.

Wenn es die Witterung zulässt, werden Enten fast immer im Freien gefüttert und getränkt. Ein Wasserangebot im Stall führt rasch zu einer feuchten Einstreu, und herabfallende Futterreste ziehen Mäuse an. Küken bilden aber eine Ausnahme. Sie bekommen ihr Futter und Wasser grundsätzlich im Stall.

Achten Sie darauf, ob sich alle Tiere morgens, wenn sie hungrig aus dem Stall kommen müssten, tatsächlich am Trog einfinden und Futter aufnehmen, denn das ist ein Indiz für ihre Gesundheit!

FUTTERMITTELHYGIENE

Wer den Fressnapf seiner Enten stets randvoll schüttet, legt unwillkürlich den Grundstein für eine „Mitfresserzentrale", denn Krähen, Elstern und Sperlinge haben schnell raus, wann und wo es was zu futtern gibt, und belagern alsbald täglich die Futterkrippen, in die sie auch des Öfteren hineinkoten. Das ist ein No-Go, weil frei fliegende Vögel durch ihren Kot allerhand Bakterien, unter anderem Salmonellen, übertragen können.

Füttern sie deshalb nicht die ganze Futtermenge auf einmal, sondern auf zwei Portionen (morgens und abends) verteilt und so bemessen, dass möglichst keine

---

Fit für die Ausstellung

Die Fütterung von Enten für Rassegeflügelausstellungen ist zu speziell, als dass wir hier im Einzelnen darauf eingehen könnten. Züchter weißer Enten tun beispielsweise gut daran, weder Mais, Weizen noch Karotten zu füttern, weil diese dem Gefieder einen auf Schauen unerwünschten gelblichen Anflug verleihen. Wenn Sie Ihre Enten ausstellen möchten, bitten Sie am besten den Züchter Ihrer Tiere um eine Fütterungsempfehlung.

In Doppelzylinder-Geflügeltränken bleibt das Trinkwasser länger sauber. Achten Sie beim Kauf auf eine für Entenschnäbel geeignete, etwas breitere Tränkerinne.

Reste im Trog bleiben. Ganz besonders Weichfutter sollte nicht stundenlang auf dem Auslauf stehen, sonst brodelt im Futtergefäß alsbald ein gesundheitsgefährdender „Hexenkessel". Selbstverständlich darf auch nicht einfach neues Futter auf alte Futterreste geschüttet werden, sondern die Futtergefäße sind nach jeder Mahlzeit zu reinigen.

Futtermittel werden zum Schutz vor Getreidekäfern oder Lebensmittelmotten in verschlossenen Behältern aufbewahrt. Fertigfutter sollten Sie nicht zu warm lagern, damit die enthaltenen Fette nicht ranzig werden.

SO KLAPPT'S MIT DEM NACHWUCHS

SO KLAPPT'S MIT DEM NACHWUCHS

Ihrem Instinkt folgend, erfüllen Erpel ihren Job als Erzeuger zielstrebig und mit solchem Eifer, dass man so einem feurigen „Don Juan" schon mehrere Enten zuteilen muss, damit er seinen Fortpflanzungstrieb auch voll ausleben kann. Eine 1,1 Anpaarung – ein Erpel und eine Ente – ist zu vermeiden, denn der Erpel würde ein einzelnes weibliches Tier zu sehr bedrängen. Bei leichten bis mittelschweren Rassen wird meist 1,3 angepaart, also ein Erpel und drei Enten. Gewichtige Rassevertreter wie beispielsweise Aylesburyerpel sind mit zwei Damen genügend ausgelastet.

Da Enten keine feste Paarbindung eingehen, sollte jeder Zuchtstamm in der Brutzeit seinen eigenen Stall und Auslauf zugewiesen bekommen. Ansonsten herrschen alsbald swingerklubähnliche Verhältnisse in „Entenhausen", denn testosterongeflutete Erpel nehmen, was sich anbietet. Weil jedes männliche Tier seine Gene weitergeben will, käme es bei mehreren Zuchtstämmen auf dem gleichen Areal häufig zu heftigen Kämpfen unter den Erpeln, die sich böse ineinander verbeißen können. Zudem stacheln sich die geflügelten Machos beim Begatten der Enten gegenseitig dermaßen an, dass es bei einer Gruppenhaltung zu regelrechten Vergewaltigungen einer Ente durch mehrere Erpel kommen kann.

Zuchtstämme sollte man frühzeitig (idealerweise im Herbst) zusammenführen. So haben die „Auserwählten" über Winter genügend Zeit zum Kennenlernen. Ende Januar, wenn die Tage wieder länger werden, kommen Enten allmählich in Fortpflanzungsstimmung. Die zunehmende Lichtdauer und Wärme sowie die damit einhergehende sexuelle Erregung stimulieren die Hirnanhangsdrüse (Hypophyse). Diese schüttet Fortpflanzungshormone aus, die entweder direkt auf Körperzellen oder über die Beeinflussung anderer Hormondrüsen wirken. So werden beispielsweise die Hoden der männlichen Tiere dazu angeregt, das Geschlechtshormon Testosteron zu bilden. Es ist unter anderem ausschlaggebend für die Ausbildung der sekundären Geschlechtsmerkmale (Gefiederpracht, männliches Aussehen, Angriffslust, Balz- und Paarungslust).

Die richtige Zuchtkondition

Die Befruchtungsrate bei jungen Enten ist der bei älteren gleichzusetzen, vorausgesetzt die Tiere sind voll geschlechtsreif. Bei leichten Entenrassen wie Laufenten tritt die Legereife bereits mit fünf bis sechs Monaten ein, bei schweren Rassen wie Warzen- oder Pekingenten erst im Alter von sieben Monaten. Mit sieben bis acht Monaten erreichen auch junge Erpel ihre Geschlechtsreife, und es kommt zu ersten Rangkämpfen und Tretaktversuchen. Für den Befruchtungserfolg ist in erster Linie die Zuchtkondition der Tiere von Bedeutung. Sie müssen gesund und gut beweglich sein. Bei zu schweren oder gar verfetteten Enten sind hingegen Probleme zu erwarten, denn alle Geschlechtsorgane liegen in der Leibeshöhle. Der Penis des Erpels befindet sich eingerollt in einer Hautfalte bauchwärts an der Innenwand der Kloake und wird bei der Begattung herausgedrückt, wobei starke Fetteinlagerungen hinderlich sein können; der Erpel ist dann „maststeril". Ähnliches gilt für die Mädels. Die Spermien werden nur selten ihr Ziel erreichen, wenn Fettpolster die Eileiter zusammenschnüren. Zudem sind Dickerchen manchmal recht ungelenk. Man sollte also auf eine nicht zu üppige Ernährung seiner Tiere achten, um ihre Gesundheit und Fortpflanzungsfähigkeit zu erhalten.

Das Begattungsgeschick des Erpels spielt ebenfalls eine wichtige Rolle. Was nützt der feurigste „Casanova", wenn sein Sperma das Ziel verfehlt? Gerade junge Erpel sind oft recht ungestüm und tollpatschig. Hier sollte man nicht gleich nervös werden und ständig genervt zusehen. Geben Sie dem Erpel Zeit und vor allem eine Chance – schließlich macht nur Übung den Meister. Laut Fachliteratur befruchten Erpel im Alter von ein bis zwei Jahren am zuverlässigsten. Die private Praxis zeigt, dass eine erfolgreiche Befruchtung auch vom einzelnen Tier abhängt. Es gibt achtjährige Erpel, die sich durchaus noch als zuverlässige Befruchter erweisen.

Die Befruchtung

Bei Rassen, die aus der Stockente hervorgegangen sind, findet der Tretakt vorzugsweise im Wasser statt. Das weibliche Tier leitet ihn durch Schnabeleintauchen ein. Anschließend

„Fit for fun" sind Enten nur, wenn sie sich rundherum so richtig wohlfühlen. (Foto: Tierfotoagentur.de/D. M. Sheldon)

zeigt die Ente durch Pumpbewegungen (ein immer schneller werdendes Einziehen und anschließend jeweils langsames Aufrichten des Halses), dass sie deckbereit ist, und fordert schließlich den Erpel zum Treten auf, indem sie sich flach auf der Wasseroberfläche ausstreckt. Beim Besteigen fixiert sich der Erpel mit seinem Schnabel im Kopf oder Halsgefieder der Ente, die nun ihr Gewicht leicht nach vorn verlagert, das Hinterteil anhebt, den Schwanz ein wenig zur Seite neigt und ihre Kloake etwas herausdrückt. Durch kurzes Hin-und-herreiben mit nach unten gedrücktem Schwanz erfüllt der Erpel mit seiner Kloake die der Ente. Treffen die Öffnungen aufeinander, wird der Penis in zweieinhalb bis drei Spiralen herausgedrückt und eingeführt. Nach erfolgter Ejakulation lässt sich der Erpel zur Seite sinken. Die Dauer des Tretaktes ist unterschiedlich. Sie kann drei bis fünf Minuten betragen.

Warzenerpel sind beim Tretakt oft sehr stürmisch und fügen den Enten beim Festhalten mit dem Schnabel kahle Stellen am Hin-

SO KLAPPT'S MIT DEM NACHWUCHS

terkopf und einen zerrupften Oberhals zu. Bei Begattungen auf dem Wasser kann es außerdem vorkommen, dass der Erpel die Ente völlig untertaucht. Der Tretakt kann aber auch auf dem Land stattfinden. Testosterongeflutete Warzenerpel treten übrigens alles, was sie kriegen können – auch wehrlose Hühner.

Die Spermien wandern nach der Paarung durch den Eileiter der Ente bis zu dessen trichterförmigem Eingang. Dort findet die Befruchtung statt, wenn das Eigelb seinen Weg durch den Eileiter gerade begonnen hat. Die Spermien können bis zu zwei Wochen nach der Paarung in Schlauchdrüsen am Übergang vom Uterus zur Vagina gelagert werden und so auch nachfolgende Eier befruchten.

Viele unbefruchtete Eier können ein Indiz für schlechte Spermaqualität oder eine nicht ausreichende Spermamenge bei zu unreifen Erpeln sein. Eine ungünstige Bakterienflora im Eileiter der Ente kann die Befruchtungsfähigkeit der Spermien ebenfalls mindern.

Wer sich Entennachwuchs wünscht, darf seine Tiere nicht zu moppelig füttern, sonst gibt es mitunter Probleme bei der Befruchtung. (Foto: de2marco/Shutterstock.com)

Das Nest

Bei einigen domestizierten Entenrassen ist der Bruttrieb weitgehend erloschen. Diese Enten bauen kein Nest und legen ihre Eier da ab, wo sie sich gerade befinden, auch wenn sie dann im dicksten Dreck landen. Da die Eiablage in der Regel am Morgen erfolgt, sollte man Enten bis neun Uhr im Stall lassen. So erreicht man, dass sie ihr Ei in die saubere Einstreu oder in ein vorgefertigtes Nest legen. Nur saubere Bruteier bringen in der Brutmaschine den erhofften Schlupferfolg.

Anders ist es bei Enten, die noch über ihren natürlichen Brutinstinkt verfügen. Sie legen ihre Eier immer wieder in das begonnene Gelege, ein Verlegen kommt nur selten vor. Durch Bereitstellen von Legenestern lassen sich diese Enten an den für die Eiablage und Brut vorgesehenen Platz lenken.

Enten bauen ihr „Kinderbett" gern an versteckte, etwas im Halbdunkeln gelegene Orte und sind auch sonst in Sachen Nest oft etwas eigen. Das sollte man berücksichtigen, indem man ihnen mehrere, unterschiedlich gestaltete Nistgelegenheiten anbietet. Manche Enten sitzen erst einmal Probe in verschiedenen Nestern, bevor sie ihre Wahl treffen. Die Legenester sollten etwa drei Wochen vor Legebeginn im Stall aufgestellt werden, damit jede Ente sich an ihr Nest gewöhnen kann. Sehr gern angenommen werden etwas erhöht angelegte Nester, die über ein Brett mit Sprossen erreichbar sind. Als Nestumrandung eignet sich ein quadratischer Holzlattenrahmen, der so konstruiert sein muss, dass er sich an der Vorderseite öffnen lässt, damit die Entenküken später problemlos das Nest verlassen und vor allen Dingen auch wieder hineingelangen können. In den Rahmen werden zuunterst getrocknete Rasensoden mit den Wurzeln nach oben eingelegt, alternativ verwenden manche Züchter auch eine dicke Schicht Blumenerde. Diese Unterlage isoliert gut und verhindert, dass sich das Stroh mit der Zeit auseinanderschiebt, wodurch die Eier auf dem harten Boden liegen und womöglich zerdrückt würden. Das eigentliche Nestpolster besteht aus Stroh – vorzugsweise gehäckselt. Nester müssen so modelliert sein, dass die Eier gut nebeneinanderliegen können, und dürfen keinesfalls zu klein und trichterförmig sein, sonst rollen die Eier zusammen und gehen kaputt. Den endgültigen Ausbau nimmt die Ente selbst vor, indem sie das Nest nach ihrem Geschmack herrichtet. Es wird dann mit sehr viel Daunen gepolstert, die sich die Ente aus dem Brustgefieder ausreißt.

BRUTBOXEN

Wer seinen Mädels einen Herzenswunsch erfüllen möchte, baut ihnen heimelige, überdachte Brutboxen. Eine vorn angebrachte Latte verhindert, dass sich das Nestmaterial aus der Box herausdrückt; nach dem Schlupf wird sie entfernt. Die Ecken einer Brutbox werden mit eingearbeiteten Schrägen abgeflacht – aus gutem Grund. Wenn Enten sich nach einer Brutpause zurück aufs Nest setzen, ziehen sie um das Nest herum verteiltes Stroh mit dem Schnabel zu sich und stopfen es als Wärmeisolierung zwischen ihren Körper und den Nestrand. Weil das Nest rund und die Box

SO KLAPPT'S MIT DEM NACHWUCHS

Die Bruteier

Die Legeperiode der Hausenten erstreckt sich in der Regel über den Zeitraum von Januar bis Juli. Laufenten legen vom Herbst bis ins Frühjahr, Warzenenten im Frühjahr, Sommer und Herbst.

Die Legeleistung vieler domestizierter Entenrassen ist beachtlich (genauere Angaben hierzu finden Sie in den Rasseporträts). Der zeitliche Abstand zwischen zwei Eiern beträgt ab Beginn einer Legeserie cirka eineinhalb Tage. Die Eiablage erfolgt meist in den frühen Morgenstunden. Lediglich die letzten Eier einer Legeserie können, bis die Produktion des follikelstimulierenden Hormons (Prolaktin) gehemmt wird, später abgelegt werden. Prolaktin sorgt auch für die nötige Brutlust.

Beim Legevorgang stülpt sich zunächst die Vagina nach außen in die Kloake. Die Vagina erweitert sich dabei, der Uterus fällt vor und befördert das Ei auf direktem Weg ins Freie, ohne dass es mit der Kloake in Berührung kommt.

Stress (zum Beispiel durch Mobbing) oder Krankheit kann die verfrühte Austreibung eines Eis bewirken. Diese schalenlosen Eier, die im Volksmund auch Windeier genannt werden, verursachen den Enten vor und während der Eiablage starke Schmerzen. Ein Windei kann immer mal wieder vorkommen, hauptsächlich bei Jungenten und meist zu Beginn oder am Ende einer Legeperiode. Legt eine Ente jedoch viele oder sogar ausschließlich schalenlose Eier, sollte sie zur Abklärung der Ursache des Problems einem Tierarzt vorgestellt werden.

Brutboxen lassen sich schön gestalten. Das macht Kindern Spaß, vertieft ihre Beziehung zum Tier und steigert die Vorfreude auf den Entennachwuchs.

quadratisch ist, entstehen leere Ecken. Rollt beim Wenden versehentlich ein Ei dorthinein, ist es verloren. Eckschrägen verhindern das.

Brutboxen sind nicht nur bei Enten beliebt, sie bieten auch Vorteile: Das Dach hält die Wärme, vermittelt den Tieren Geborgenheit und obendrauf kann praktischerweise Einstreumaterial gelagert werden. Ist es zudem aufklappbar, erleichtert das die Nestkontrolle. Mit geschliffenen OSB-Platten vom Baumarkt lassen sich Brutboxen schnell und preisgünstig herstellen. Die Größe einer Brutbox richtet sich selbstverständlich nach der Rasse.

DAS SAMMELN

Da manche Enten schon im Januar/Februar mit dem Legen beginnen, ist es erforderlich, die Eier möglichst früh am Morgen zu sammeln. Liegen sie längere Zeit bei Temperaturen unter null Grad, kommt es zum Absterben des Keims.

Das erste Ei wird gekennzeichnet und verbleibt der Ente als Nestei. Die nachfolgenden Eier werden in aller Regel bis zu ihrer Bebrütung in einem frostgeschützten Raum gelagert. Nur saubere und einwandfreie Bruteier bringen ein zufriedenstellendes Schlupfergebnis, achten Sie daher auf eine hygienische Stall- und Nesteinstreu.

Beim Sammeln und Transportieren müssen die Eier – wie alles Lebendige – behutsam behandelt und vor Erschütterungen geschützt werden, sonst wandern die Luftkammern. Abnormal große Eier (Doppeldotter) oder Eier mit rauer, unebener, dünner Schale eignen sich nicht als Bruteier.

REINIGUNG

Leider fallen trotz aller Nesthygiene immer wieder einmal schmutzige Bruteier an. Wer diese künstlich erbrüten möchte, sollte sie vorher säubern, damit nicht mit dem am Ei haftenden Schmutz Bakterien in die Brutmaschine gelangen. Diese finden darin nämlich optimale Bedingungen und vermehren sich rasant. Dringen sie durch die Schale ins Eiinnere ein, stirbt der Embryo ab. Zum Reinigen wird ein weiches Schwämmchen oder ein Mikrofaserpad verwendet. Wurzelbürstchen oder raue Küchenschwämme sind keinesfalls geeignet, weil damit die ölige Schutzschicht des Bruteis (Kutikula) zerstört würde, wodurch Bakterien ungehindert in das Ei gelangen könnten. Zudem verlieren die Eier ohne ihre Schutzschicht während der Bebrütung zu viel Feuchtigkeit.

Die Reinigung sollte möglichst bald nach dem Legen erfolgen. Der Schmutz wird behutsam mit reichlich frischem, lauwarmem Wasser abgetupft. Das Wasser muss immer wärmer sein als das Ei, andernfalls zieht sich der Eiinhalt zusammen, wodurch das Waschwasser und Bakterien durch die Schale ins Ei hineingesaugt werden.

Nach der Reinigung werden die Eier mit Küchenpapier trocken getupft und auf ein Gitter gelegt. Ein klassischer Tortenteiler aus Kunststoff eignet sich dafür bestens. Hierauf haben die Eier eine geringe Auflagefläche, sodass die Luft um sie herum gut zirkulieren kann. Sofort im Anschluss werden die Eier desinfiziert. Dazu gibt man 1 Milliliter Quatovet und 100 Milliliter heißes Wasser in einen Handsprüher, vermischt alles gut durch Schütteln und benetzt dann die Eier von allen Seiten gleichmäßig mit feinem Sprühnebel. Im Anschluss lässt man sie auf dem Gitter vollständig abtrocknen. Dabei müssen sie einmal gewendet werden, damit auch die Unterseite trocknet. Anschließend werden sie beschriftet und eingelagert. (Quatovet ist im Internet bei www.reimers.biz erhältlich.)

Eier, die zur Naturbrut vorgesehen sind, werden nicht gewaschen und desinfiziert. Das angetrocknete Kutikulasekret auf der Schale könnte hierdurch in Mitleidenschaft gezogen werden, was seine Schutzfunktion beeinträchtigen würde. Die ist bei der Naturbrut aber unbedingt notwendig, weil Bruteier im Nest mit allerhand Mikroorganismen konfrontiert werden.

Brutenten reinigen und schützen ihre Eier auf natürliche Weise, zum einen durch ihr feuchtes Gefieder nach dem Bad und zum anderen durch den Abrieb der Eischale an der Nesteinstreu beim Wenden. Ihr im Gefieder anhaftendes Fett legt sich wie ein Schutzfilm über die gesamte Eischale und verhindert so das Eindringen von schädlichen Erregern. Zu stark verschmutzte Eier gehören allerdings in den Müll.

EINLAGERN

Bruteier werden an einer Seite mit dem Legedatum und an der gegenüberliegenden Seite mit einem Zeichen versehen. So kann man beim Wenden der Eier immer gleich erkennen, ob sie tatsächlich um 180 Grad gedreht wurden. Beschriftet wird mit dem Bleistift, immer am spitzen Eiende, weil das stumpfe Ende beim Schlupf zerbricht und die Notiz dann verloren geht. Enteneier müssen liegend aufbewahrt werden. Die Raumluft darf nicht zu trocken sein, damit die Eier während der Lagerung möglichst wenig an Gewicht verlieren. Die optimale Lagertemperatur liegt bei 10 bis 12 Grad Celsius und einer Luftfeuchtigkeit von 70 bis 80 Prozent. In größeren Kunststoffwannen mit Deckel kann man Bruteier prima lagern, weil sie darin nicht so schnell an Feuchte verlieren. Der Deckel wird einen Spalt aufgelassen, damit die Eier Sauerstoff bekommen. Auf ein Frottierhandtuch gelegt, haben sie Halt und rollen beim Wenden nicht aneinander.

Da alles Lebendige Frischluft braucht, ist der Aufbewahrungsraum ausreichend zu lüften. Während der Lagerung werden Bruteier dreimal täglich um 180 Grad um ihre Längsachse gewendet. Das Wenden darf nicht nur in eine Richtung, sondern muss abwechselnd erfolgen – also einmal um 180 Grad nach vorn (zu sich hin), das nächste Mal um 180 Grad nach hinten (von sich weg) rollen. Bruteier, die künstlich erbrütet werden sollen, dürfen nicht zu alt sein (maximal 14 Tage), da bei älteren Eiern die Schlupffähigkeit abnimmt.

NATÜRLICHE LAGERUNG IM BRUTNEST

Eier, die zur natürlichen Bebrütung im Nest gelagert werden, halten länger. Die ersten Eier, die manchmal älter als zwei Wochen sind, können ebenso gut ausgebrütet werden wie frische. Das Geheimnis liegt hier in dem periodischen Erwärmen durch die Ente. Sie wärmt und wendet die Eier immer, wenn sie ein neues legt, und reibt sie dabei mit ihrem natürlichen Federfett ein. Das hilft, die Eier zu reinigen, beeinflusst die Schalendurchlässigkeit positiv und verleiht dem Ei durch das im Federfett enthaltene Lysozym einen zusätzlichen Schutzmantel.

Bei Enten, die schon im Januar/Februar mit der Eiablage beginnen, sollte man wegen der klimatisch ungünstigen Verhältnisse von einer natürlichen Lagerung absehen. Im Frühjahr, wenn keine Frostgefahr mehr zu erwarten ist, können die Eier im Nest bleiben. Voraussetzung ist jedoch, dass dieses für Nesträuber wie Raben und Elstern nicht zugänglich ist. Vergessen Sie auch hier nicht, alle Eier mit dem jeweiligen Legedatum zu versehen, damit Sie bei Brutbeginn wissen, welches die frischsten sind.

Kunst- oder Naturbrut?

Wenn Sie Ihr Herz an eine Rasse verschenkt haben, die nicht mehr selbst brütet, bleibt zur Erfüllung von Nachwuchswünschen nur die Kunstbrut. Halter anderer Rassen haben die Wahl. Hier möchten wir zunächst die Vor- und Nachteile der beiden Möglichkeiten genauer beleuchten, bevor es in den folgenden Kapiteln ins Detail geht.

Wer sich für eine Rasse mit Brutinstinkt entschieden hat und die Enten diesen auch ausleben lässt, spart neben Zeit die Kosten für die Anschaffung einer Brutmaschine und einer Wärmelampe für die Aufzucht sowie für den zum Betrieb dieser Apparate nötigen Strom. Generell muss man sich um wenig kümmern, denn eine gute Brutente weiß, was sie zu tun hat. Sind die Küken geschlüpft, wachsen sie bei „Muttern" geborgen heran und werden bestens sozialisiert. Und eines ist gewiss, eine Küken führende Entenmutter ist gerade für Kinder ein schönes und auch lehrreiches Erlebnis.

Allerdings können bei der Naturbrut auch Probleme auftreten, denn nicht immer geht alles so glatt, wie man es erwartet. Ein gewisser Unsicherheitsfaktor ist, dass nicht alle Enten zuverlässig brüten – manche brechen die Brut zwischendurch ab. Das muss man in Kauf nehmen. Auch reagieren in Gefangenschaft lebende Tiere manchmal abnormal auf ihren Nachwuchs. Es kam schon vor, dass Enten ihre Küken direkt nach dem Schlupf getötet oder sie aus den bereits angepickten Eiern herausgepult und aufgefressen haben.

Die Zahl der erbrüteten Entenküken ist bei der Naturbrut begrenzt und nicht vorhersehbar. Besonders in kalten, verregneten Jahren kommt es nicht selten zu kompletten Gelegeausfällen. Ihrem natürlichen Instinkt folgend, lassen nämlich manche Brüterinnen bei anhaltend ungünstiger Witterung ihr Gelege im Stich, weil sie spüren, dass die Umweltbedingungen sich nicht für die Aufzucht eignen. Und nicht zuletzt sind natürlich erbrütete Küken größeren Gefahren ausgesetzt. Ungünstige Witterung, eine Übertragung von Infektionskrankheiten, Unfälle oder Raubtiere können für Tierverluste sorgen.

Die Alternative, die allen Entenhaltern offensteht, ist die Kunstbrut. Sie ist aus der Rassegeflügelzucht nicht mehr wegzudenken und die Existenzsicherung jener Rassen, die nicht mehr selbst brüten. Die Kunstbrut beschert Entenzüchtern mit Ausstellungsambitionen früh im Jahr und vor allem auch genügend Nachwuchs, weil sie den Brutbeginn steuern und die gewünschte Anzahl Jungenten durch entsprechende Bruteieinlagen selbst bestimmen können.

Das künstliche Erbrüten von Enteneiern erfordert Gewissenhaftigkeit, Fingerspitzengefühl und etwas Erfahrung. Aber keine Sorge – man kann alles lernen! Auch wir haben mal bei null angefangen und einiges an Lehrgeld bezahlt. Heute läuft's rund, obwohl, trotz jahrelanger Erfahrung, immer noch nicht jedes Küken tatsächlich schlüpft.

Die Natur hat nun mal ihre eigenen Gesetze und lässt nur das leben, was lebensfähig ist.

Der Erfolg in der Kunstbrut steht und fällt außerdem mit der Qualität der Brutmaschine. Ein für Wassergeflügel geeigneter Motorschrankbrüter hat seinen Preis, manchmal kann man aber ein gebrauchtes Schnäppchen ergattern. Weil die Brutbedingungen in der Vorbrut anders sind als die während des Schlupfes, kann in einer Brutmaschine immer nur eine Einlage (alle Eier werden am gleichen Tag eingelegt) ausgebrütet werden. Für mehrere Einlagen unterschiedlichen Einlegedatums sind zwei Geräte nötig, ein Vor- und ein Schlupfbrüter.

Die Naturbrut

Wie im Abschnitt „Die Bruteier" beschrieben, wird das erste Ei der Legeserie einer Ente mit einem Bleistift gekennzeichnet und bleibt als Nestei liegen. Das ist wichtig, sonst wird das Tier verunsichert und wechselt das Nest. Die folgenden Eier werden jeweils weggenommen und kühl aufbewahrt. Einige Gipseier als Ersatz sorgen dafür, dass die Ente standorttreu immer wieder im gleichen Nest ihre Eier ablegt. Mit zunehmender Eiablage rupft sich die Ente einige Daunenfedern im Brustbereich aus und polstert damit ihr Nest. Sie tut dies aus zwei Gründen: Zum einen ermöglicht die etwas ausgedünnte Daunenschicht unter dem Deckgefieder, dass die Ente ihre Bruteier durch engeren Hautkontakt optimal wärmen kann. Zum anderen bilden ihre ausgerupften Federn eine isolierende Schicht und sorgen so für eine konstante Nestwärme. Dieses Ausrupfen der Flaumfedern ist ein sicheres Zeichen dafür, dass die Ente bald mit der Brut beginnen möchte. Brutlustige Warzenenten äußern schon vorher kurze, melancholisch klingende Piepstöne, etwa wenn man sie des Abends in den Stall treibt.

Verweilt die Ente mit gesträubtem Gefieder länger auf dem Nest, beginnt die Brütigkeit. Nun legt man ihr die frischesten der gelagerten Bruteier unter. Bei umgänglichen Enten kann man dies zeitlich gestaffelt nach dem Eialter tun, denn Küken aus Eiern, die älter als eine Woche sind, schlüpfen später als ihre Geschwister aus ein bis sieben Tage alten Bruteiern. Legt man die älteren Eier acht Stunden früher unter, lässt sich der Gesamtschlupf auf einen gemeinsamen Zeitpunkt hinlenken. Scheuen, aufbrausenden Entendamen legen Sie allerdings besser alle Bruteier auf einmal unter, sonst gehen womöglich noch welche kaputt.

Bei Eiern, die im Nest gelagert wurden, entfernt man die ältesten Eier, wenn die Brütigkeit eingesetzt hat. Durch das periodische Erwärmen der Eier durch die Ente (siehe Abschnitt „Natürliche Lagerung im Brutnest") schlüpfen die Küken in der Regel zeitnah. Damit die Ente ihr Gelege auch gleichmäßig bebrüten kann, sollte es bei Warzenenten und anderen großen Rassen aus zwölf bis maximal fünfzehn, bei kleineren Rassen aus zehn bis zwölf Bruteiern bestehen. Während der Brut muss man seine Neugierde im Zaum halten und darf die Tiere nicht unnötig stören, sonst können Enten durchaus sauer werden.

Enten verlassen ihr Nest oftmals für einige Zeit von sich aus. An kalten Tagen und

DIE NATURBRUT

Ob Kunst- oder Naturbrut – am Anfang steht immer ein erfolgreicher Tretakt.

zu Beginn der Bebrütung sind die Zeiträume kürzer. Später steigern sie ihre Brutpausen und verlassen das Nest länger – an warmen Tagen bis zu zwei Stunden –, um zu baden oder Futter aufzunehmen. Während ihrer Abwesenheit kühlen die Eier ab. Das ist kein Grund zur Besorgnis, sondern ganz im Gegenteil sogar wichtig. Mit zunehmender Bebrütung intensivieren sich die Stoffwechselvorgänge im Ei. Die Embryonen entwickeln allmählich Eigenwärme und bedürfen einer Kühlung, denn hierdurch gelangt der vom Embryo benötigte Sauerstoff durch die Eischale ins Eiinnere.

Die Ente steht auch ab und zu auf, um ihre Eier zu wenden. Der Teil des Eis, der mit ihrem Körper in Berührung kommt, hat dieselbe Temperatur wie ihre Haut; der Teil, der auf dem Nestboden liegt, ist wesentlich kälter. Zu kalte Eier rollt die Ente in die Nestmitte, die wärmeren nach außen. Durch das Wenden und Verlegen der Eier sichert sie eine gleichmäßige Wärmeverteilung und verhindert zudem ein Anheften der Embryonen an der Eischale. Dies

SO KLAPPT'S MIT DEM NACHWUCHS

alles tut eine Ente instinktiv. Manche Enten kühlen länger als andere, dadurch kann sich der Schlupf etwas verzögern.

Wenn die Ente das Nest verlassen hat, sollte man dort ab und zu nach dem Rechten sehen und die Eier beriechen. Ein gesundes Ei riecht nicht. Eier mit leicht fischigem Geruch sind abgestorben und müssen unverzüglich entfernt werden, denn in solchen entwickelt sich übel riechendes Faulgas. Platzen diese Eier, verschmutzen sie das Nest und das Gefieder der Ente, die ihr Gelege dann mit großer Wahrscheinlichkeit aufgibt. Normalerweise verfügen Brutenten über den natürlichen Instinkt, abgestorbene Eier aus dem Nest zu rollen. Doch leider ist dieser Instinkt einigen Enten abhandengekommen. Sie bebrüten die Fauleier genauso hingebungsvoll weiter wie die gesunden . Aus dem Grund werden die Eier am zehnten Bebrütungstag geschiert (Näheres unter „Schieren" im Abschnitt „Kunstbrut"), so kann man sich ein Bild von deren Inhalt verschaffen. Unbefruchtete und abgestorbene

Bringt Genuss für die Ente und wichtige Feuchtigkeit für die Bruteier: ein Ausflug ins Wasser.
(Foto: Joseph Scott Photography)

Eier werden aussortiert. Währenddessen muss die Stalltür geschlossen bleiben, sonst kommt womöglich die Ente dazwischen und regt sich fürchterlich auf. Wenn eine Brüterin ihr Nest verlässt, deckt sie die Eier sorgfältig mit Stroh und Daunen zu, damit sie nicht zu schnell auskühlen und zudem getarnt sind. Muss schmutziges Nestmaterial erneuert werden, sollte man das unauffällig tun, damit die Ente ihr Nest anschließend optisch so vorfindet, wie sie es verlassen hat. Hat sie die Eier einmal nicht bedeckt, so verändert man auch daran nichts. Enten sind, was ihr Nest angeht, sehr argwöhnisch und in der Lage, sich die Anordnung ihres Abdeckmaterials genau zu merken.

Da sie sich nur wenig bewegt, nimmt eine brütende Ente auch weniger Futter auf. Aus dem Grund nimmt sie stark ab. Das Futter für Brutenten darf keinesfalls rationiert werden, sondern muss immer zur freien Verfügung stehen. Tränke und Futtertrog sowie ein Schälchen mit Grit werden nach Möglichkeit in Nestnähe platziert, aber so, dass die Ente zur Wasser- und Futteraufnahme das Nest verlassen muss. Enten lieben frisches Grünfutter und tierische Snacks. Solche, die über ein entsprechendes Areal und eine „Wasserweide" verfügen, suchen sich hier zusätzlich die eine oder andere Leckerei. Steht kein grasbewachsener Auslauf zur Verfügung, kann Grünfutter auch aus der Raufe gereicht werden.

Auf eine regelmäßige Futter- und Wasseraufnahme der Brüterin ist unbedingt zu achten. Es gibt Enten, die wie festgetackert auf ihrem Nest sitzen und es nicht mal zum Fressen verlassen, und solche, die während ihrer Brutpausen Raum und Zeit vergessen. In beiden Fällen muss man handeln. Die Hungernde wird vorsichtig aus dem Stall geholt, gefüttert, getränkt und ins Bad geschickt. Mädels ohne Zeitgefühl bekommen den Auslauf eingeschränkt.

Brutenten brauchen unbedingt eine saubere Badegelegenheit, um sich zu erfrischen und ihr Gefieder zu reinigen. Das nasse Gefieder führt außerdem den Bruteiern die notwendige Feuchtigkeit zu (ohne würden sie zu sehr austrocknen) und verstärkt den Kühleffekt, was besonders an warmen Tagen von Vorteil ist.

DER SCHLUPF

Nach etwa 28 Tagen schlüpfen die Küken meist im April. Eine Ausnahme ist die Moschus- oder Warzenente: Ihre Brutdauer beträgt 35 Tage und sie brütet zwei- bis dreimal im Jahr. Je nach Brutgewohnheiten der Ente kann sich der Schlupf auch etwas verzögern. Hier gilt es, Ruhe zu bewahren. Sind die Küken gesund, schlüpfen sie auch! Ist ein Ei angepickt, dauert es vom ersten Loch in der Schale bis zum Schlupf meist einen Tag. Beim Schlupf darf die Ente keinesfalls gestört werden. Der Züchter hat dafür zu sorgen, dass weder die Mutter noch die Küken Belästigungen durch Artgenossen, insbesondere durch den Erpel, ausgesetzt sind. Viele Züchter gehen einem Risiko diesbezüglich von vornherein aus dem Weg und halten den Zuchterpel während der Brut und Aufzuchtzeit separat. Andere lassen ihn tagsüber bei den Enten und lediglich im Stall bekommt er kurz vor dem Schlupf sein eigenes „Schlafzimmer", von dem aus er aber weiterhin direkten Kontakt zu den Enten haben muss. Das ist wichtig, denn nur wenn er mitbekommt, was im

Nest vor sich geht, wird er die Küken auch akzeptieren. Zum Abtrennen des Erpelseparees eignen sich beispielsweise mit Volierendraht bespannte Holzlattenrahmen. Die lassen sich einfach herstellen und gewährleisten einen guten Sichtkontakt. Bedenken Sie, dass manche Erpel fliegen können. Eine Überdachung ist dann anzuraten.

Ob Trennen oder Zusammenlassen, hierfür gibt es kein Patentrezept. In Gefangenschaft lebende Tiere reagieren unterschiedlich – besonders Vatertiere. Es gibt liebenswerte Erpel, die bis zum Schlupf in der Nähe der Ente bleiben, sie in den Brutpausen begleiten und anschließend wieder zum Nest zurückbringen, aber auch garstige Zeitgenossen, die die Ente während ihrer Ausflüge permanent belästigen und ihre eigenen Küken töten. Man muss das Verhalten der Tiere beobachten und individuell entscheiden, ob man sie zusammenlässt oder besser trennt. Auf großen Flächen, wo sich die Tiere nach Herzenslust bewegen und einander ausweichen können, leben sie meist harmonischer miteinander als in kleineren Ausläufen.

Nach der Brut kommen die Alttiere in die Mauser, das heißt, sie wechseln ihr komplettes Gefieder. „Mama Ente" ist während dieser Zeit nur bedingt flugfähig. Ihre Jungen können auch noch nicht richtig fliegen. Ja, Mutter Natur hat eben alles perfekt organisiert!

Die Kunstbrut

Für die ersten Kunstbrutversuche muss man nicht gleich in die Vollen gehen. Es gibt bewährte, preiswürdige Brutmaschinen, die sich für das Erbrüten von Wassergeflügel hervorragend eignen. Oft werden in Fachzeitschriften oder im Internet gebrauchte Maschinen angeboten. Hier sollte man aber Alter und Zustand erfragen und sich bei der Abholung die Funktionsfähigkeit vorführen sowie das Handling erklären lassen. Ein einfacher Motorschrankbrüter ohne viel Computertechnik, wie ihn die Firma Schuhmacher als Vomo-0 oder Vomo-0 Extra angeboten hat, reicht völlig aus und eignet sich bestens für Einsteiger. Leider gibt es diese Firma nicht mehr, dafür aber andere Brutmaschinenhersteller, die baugleiche Geräte anbieten. Lediglich die Temperaturregelung erfolgt in neuen Geräten elektronisch (früher regelte man über ein Äthermembranthermostat). Die Wärme im Brüter wird von oben über eine Ringrohrheizung erzeugt und mithilfe eines Ventilators gleichmäßig verteilt. Ein seitlich angebrachtes Winkelthermometer misst die Temperatur. Die nötige Luftfeuchtigkeit erreicht man über wassergefüllte Gefäße, die am Boden des Brüters stehen; zur Messung der Feuchtigkeit dient ein Hygrometer. Die Frischluftzufuhr lässt sich über Luftrosetten regeln. Das Wenden der Eier erfolgt halb automatisch, das heißt über ein manuelles Vor- und Zurückschieben der dafür vorgesehenen Rollenhorde. Hierbei verlagern die Bruteier durch ihre Ellipsenform bei jedem Wenden etwas ihre Position. Geraten sie aneinander oder schieben sich die Eienden gar aufeinander, führt das zu Erschütterungen, die es unbedingt zu vermeiden gilt. Gerade in Brutmaschinen mit vollautomatischer (motorbetriebener) Wendung kommt das häufiger vor. Um Kollisionen von Bruteiern zu vermeiden, sollte zwischen den einzelnen

Den Schlupf der Küken hautnah miterleben; die Kunstbrut macht es möglich.
(Foto: Dr. Tobias Schott)

Eiern stets genügend Spielraum vorhanden sein. Manche Züchter nehmen die komplette Horde aus der Maschine und wenden die Eier einzeln per Hand, was zweifellos die schonendste Variante ist.

Noch ein Wort zu vollautomatischen, computergesteuerten Motorbrütern: Solche Geräte erscheinen berufstätigen Entenzüchtern ebenso wie Einsteigern auf den ersten Blick ungemein verlockend. Aber auch sie bedürfen täglicher Überwachung. Es kam schon vor, dass die tatsächlichen Gegebenheiten im Brüter von dem, was außen auf dem Display angezeigt wurde, abgewichen sind – die beste Technik spielt hin und wieder verrückt. Unbemerkt können längere Über- oder Unterschreitungen der Temperatur, zu hohe oder zu niedrige Luftfeuchtigkeit sowie ungenügende Kühlung für böse Überraschungen sorgen. Weil Enteneier im Gegensatz zu Hühnereiern wesentlich höhere Anforderungen an die Sauerstoffzufuhr stellen, stehen wir auch der programmierbaren Abkühlfunktion solcher Vollautomaten skeptisch gegenüber.

Die Brut von Wassergeflügel via Computer will verstanden sein und die Meinungen hierzu sind unterschiedlich. Wie so oft gibt es Befürworter, die erfolgreich in Vollautomaten brüten, und andere Züchter, uns eingeschlossen, die damit mangelhafte Erfahrungen gemacht haben.

BEDINGUNGEN IM BRUTRAUM

Idealerweise liegt die Temperatur in dem Raum, in dem der Brüter steht, bei 18 Grad Celsius. Direkte Sonneneinstrahlung auf den Apparat sollte vermieden werden. Räume an der Straßenseite (besonders in Fachwerkhäusern) sind dann ungeeignet, wenn, etwa durch Lastwagen, starke Erschütterungen auftreten. Wichtig für den Bruterfolg ist außerdem eine gute Frischluftzufuhr im Brutraum, weil die Embryonen bei Luftnot Schaden nehmen würden. Je weiter die Brut fortschreitet, umso größer wird der Sauerstoffbedarf. Die Luft ist in Ordnung, wenn man frei und tief durchatmen kann. Der Luftaustausch erfolgt über Luftrosetten im Brüter sowie beim manuellen Wenden und Kühlen der Eier. Die Temperatur im Brutraum kann auch die Luftfeuchtigkeit im Gerät beeinflussen. Warme Luft steigt nach oben. Je kühler ein Brutraum ist, desto mehr warme Luft entweicht durch die Luftrosette und wird durch kühlere Luft ersetzt, die wieder aufgeheizt werden muss. Der Luftaustausch geht dann schneller vonstatten, was eine schnellere Verdunstung zur Folge hat. Ist der Raum zu warm, kann das den Luftzug in der Maschine reduzieren und eine ungleichmäßige oder mangelhafte Belüftung verursachen.

(Quelle: Kunstbrut von Dr. A. F. Anderson Brown, siehe Anhang)

BRUTVORBEREITUNG

Jedem Brutmaschinentyp liegt eine genaue Gebrauchsanweisung bei, an die man sich halten sollte. Vor Brutbeginn müssen Winkelthermometer und Hygrometer auf ihre Funktionstüchtigkeit überprüft werden. Einen Tag vor der Einlage wird der Brutapparat eingeschaltet und auf 37,6 Grad Celsius eingestellt. Sobald dieser Wert erreicht ist, stellt man eine gefüllte Wasserschale in die Brutmaschine und kontrolliert anhand des Hygrometers die ungefähre Luftfeuchtigkeit. Diese lässt sich mithilfe der Luftrosette des Brüters noch etwas regulieren. Es empfiehlt sich, die Bruttemperatur mehrmals zu kontrollieren, um sicherzugehen, dass sie konstant bleibt. Am Vorabend nimmt man die Eier aus dem Lagerraum mit in die Wohnung, wo sie über Nacht langsam auf Zimmertemperatur (20 bis 25 Grad Celsius) erwärmt werden. Keinesfalls darf dies zu schnell geschehen, denn ein zu plötzlicher Temperaturanstieg kann den durch die Lagerung geschwächten Keim töten. Am Morgen werden die Eier gewendet und in die Brutmaschine gelegt. Es dauert danach eine Weile, bis die eingestellte Temperatur wieder erreicht ist.

Gewendet wird erst am nächsten Tag. Dann beginnt auch die wichtigste Aufgabe des Züchters: Er muss die Maschine so bedienen, dass die Brutbedingungen denen bei der Naturbrut nahekommen. Temperatur (sie hat entscheidenden Einfluss auf den Schlupferfolg), Luftfeuchtigkeit sowie das Wenden und Kühlen müssen in jeder Hinsicht stimmen und regelmäßig überprüft werden. Bei mehreren Einlagen hilft ein

DIE KUNSTBRUT

Warzenenten sind zuverlässige Brüterinnen. Wer sich für sie entscheidet, spart die Brutmaschine. (Foto: KAppleyard/Shutterstock.com)

Bruttagebuch, in dem man sich die täglichen Arbeiten notiert – so wird nichts vergessen.

LUFTFEUCHTIGKEIT

Die Poren der Eischale sind durchlässig, und sobald das Ei gelegt wurde, setzt die Verdunstung ein. Sie wird durch die Bruttemperatur, die Luftfeuchtigkeit und die Luftbewegung im Brüter bestimmt. Eine zu schnelle oder auch eine zu langsame Verdunstung beeinflusst die Schlupfrate stark.

Am Boden des Brüters stehende Wassergefäße erzeugen die erforderliche Luftfeuchtigkeit. Entscheidend ist nicht die Wassermenge, sondern die Größe der zu verdampfenden Wasseroberfläche. Mit den Luftrosetten des Brüters lässt sich die Luftfeuchtigkeit zusätzlich regulieren. Schließt man sie etwas weiter, erhöht sich die Feuchtigkeit, öffnet man sie, bleibt der Wert im Durchschnittsbereich. Beim Schlupf wird die nötige Luftfeuchtigkeit erreicht, indem man eine größere Schale oder die vorhandene Schale und eine zusätzliche mit gut warmem Wasser befüllt.

SO KLAPPT'S MIT DEM NACHWUCHS

Kunstbrut von Hausenten (keine Warzenenten) in einem Motorschrankbrüter

Temperatur, Vorbrut	1. bis 23. Tag 37.6 °C	24. bis 25. Tag 37.4 °C
Temperatur, Schlupfbrut	26. bis 28. Tag 37.3 bis 37.2 °C	
Relative Luftfeuchtigkeit, Vorbrut	1. bis 10. Tag 60 %	11. bis 25. Tag 70 %
Relative Luftfeuchtigkeit, Schlupfbrut	26. bis 28. Tag 80 bis 90 %	
Wenden	2. bis 24. Tag 3-mal täglich um 180 Grad	
	Ab dem 25. Tag werden die Eier nicht mehr gewendet. Sie bleiben nun bis zum Schlupf in ihrer Position liegen, die Sie anhand Ihrer Notiz am spitzen Eiende leicht erkennen können.	
	Am 26. Tag die Eier nochmals schieren und eventuelle Spätabsterber entsorgen. Dann werden die Eier behutsam von der Rollen- in die Schlupfhorde umgelegt, leicht mit lauwarmem Wasser besprüht und vorsichtig, damit sie nicht ins Rollen geraten, zurück in die Maschine geschoben.	
Kühlen	ab dem 5. Bruttag	

5. bis 9. Tag	10. bis 15. Tag	16. bis 24. Tag	25. Tag bis Anpicken
1 x 10 min/Tag	1 x 20 min/Tag	2 x 20 min/Tag	2 x 30 min/Tag

Nach 28/29 Tagen schlüpfen die Küken.

- Die oben aufgeführte allmähliche Temperatursenkung an Tag 24 und 25 schont den Organismus und wirkt sich damit positiv auf die Vitalität der Embryonen aus. Bei mehreren Bruteieinlagen verschiedenen Einlegedatums ist diese Senkung nicht möglich, hier wird die Bruttemperatur von 37.6 Grad Celsius bis zum 25. Tag beibehalten.

- Bruteier sollten auf der Horde nicht direkt aneinanderliegen. Das kann nicht nur zu Problemen beim Wenden, sondern auch zu versteckten Wärmestaus führen.

- Die Wasserschalen im Brüter werden immer mit warmem Wasser befüllt. Eine kurzfristige Steigerung der Luftfeuchtigkeit lässt sich durch leichtes Besprühen der Eier mit lauwarmem Wasser erzielen.

- Achten Sie auf die Größe der Luftkammer. Eier mit sehr dichter Schale verlieren manchmal zu wenig Feuchtigkeit. Hier ist mitunter kompletter Wasserentzug nötig, bis die Luftkammern dem Bebrütungsstadium entsprechen – aber bitte niemals im Schlupfbrüter!

Das Hygrometer gibt Aufschluss über die relative Luftfeuchtigkeit im Brüter. Genauigkeit ist allerdings nicht immer die Stärke solcher Geräte, und so ist mancher Züchter schon verzweifelt, wenn das Hygrometer trotz bereits beschlagener Scheibe des Brüters nur 55 Prozent angezeigt hat. In solchen Fällen orientiert man sich am besten an der Luftblase im Ei. Sie lässt Rückschlüsse auf die Luftfeuchtigkeit im Brüter zu. Haben die Eier in einem Bebrütungsstadium zu wenig Feuchtigkeit verloren, ist sie zu hoch; haben sie zu viel verloren, ist sie zu gering. Eine falsche Luftfeuchtigkeit kann man in den verschiedenen Bebrütungsstadien durch Reduzieren oder Erhöhen der Wassermenge korrigieren.

WENDEN

Die Keimscheibe (der Embryo) ruht auf dem Dotter. Dieser wird zwar von Hilfsbändern (Hagelschnüren) in der Eimitte gehalten, steigt jedoch zur Oberkante des Eis auf, weil er leichter ist als das Eiweiß. Bis die Blutgefäße des Embryos ausreichend entwickelt sind, dass sie ihn mit Nährstoffen versorgen können, bringt ihn jede Drehung mit frischen, lebensnotwendigen Nährstoffen in Berührung. Darum muss das Ei, und mit ihm der Dotter, regelmäßig gewendet werden. Wenn das nicht geschieht, berührt der Embryo die Eischale und bleibt an ihr haften. Er kann dann nicht normal weiterwachsen und stirbt schließlich ab. Das Wenden sichert zudem eine gleichmäßige Erwärmung der Eier. Gewendet wird abwechselnd – einmal nach vorn und das nächste Mal nach hinten. Würde man immer in die gleiche Richtung wenden, würden die Hagelschnüre aufgrund der starken einseitigen Aufwicklung reißen. Ab dem 25. Bruttag wird nicht mehr gewendet. Der Embryo verändert seine Position im Ei nun selbstständig und nimmt allmählich Schlupfposition ein.

SCHIEREN

Am zehnten Bebrütungstag werden die Eier erstmals geschiert, wozu sich am besten spezielle 40-Watt-Schierlampen eignen. Damit man den Eiinhalt möglichst deutlich sieht,

Entwicklung der Luftblase während der Bebrütung. An ihr erkennt man, ob der Luftfeuchtigkeitsgehalt im Brüter richtig ist.

- 1. Tag
- 10. Tag
- 20. Tag
- 28. Tag

SO KLAPPT'S MIT DEM NACHWUCHS

muss der Raum dunkel sein. Die Eier werden auf der Bruthorde liegend durchleuchtet (wer bei einer Naturbrut schiert, tut das direkt am Nest unter einer dunklen Decke), wobei die Schierlampe am stumpfen Eiende angesetzt wird. In einem befruchteten Ei lässt sich ein rötlicher Keim erkennen, von dem spinnennetzartig Adern abgehen. Ist das Ei hingegen klar, ist es nicht befruchtet und wird direkt aussortiert. In früh abgestorbenen Eiern sieht man einen roten Blutring ohne erkennbare Blutgefäße, zu einem späteren Zeitpunkt erscheint ein schwarzer Fleck im Ei. Auch diese Eier müssen selbstverständlich umgehend entfernt werden.

Geschiert wird wöchentlich, um die Entwicklung der Embryonen und besonders die Größe der Luftkammer zu überwachen. Die Luftkammer befindet sich im stumpfen Eiende und muss während der Bebrütung größer werden (siehe Abschnitt „Luftfeuchtigkeit"). Ihre Entwicklung verläuft nicht gleichmäßig. Anfangs wächst die Luftblase schneller, in der Mitte der Brutzeit bleibt sie auf einem gewissen Niveau und gegen Ende steigt ihr Wachstum noch einmal an. Bei der Umlage in die Schlupfhorde wird noch mal geschiert, um Eier mit abgestorbenen Embryos zu identifizieren und auszusortieren. Der Inhalt eines lebenden Eis ist fest und vollständig verdunkelt mit einem kleinen scharfen Rand zwischen der Luftkammer und dem Embryo.

FRISCHLUFT UND KÜHLUNG

Mit fortschreitender Bebrütungszeit muss auch für eine höhere Sauerstoffzufuhr gesorgt werden, denn Enteneier brauchen unbedingt frische Luft! Der Luftaustausch erfolgt über die Luftrosetten. Als Faustregel gilt, dass im ersten Drittel der Brut die Lüftungsklappen zu einem Drittel, im zweiten Drittel zu zwei Dritteln und im letzten Drittel (je nach Luftfeuchtigkeit und Belegung) nahezu vollständig oder sogar komplett geöffnet werden.

Das Kühlen der Enteneier ist von großer Bedeutung, denn hiermit wird das natürliche Verhalten der Brutente nachempfunden, die

4. Bruttag

ca. 2./3. Brutwoche

kurz vor dem Schlupf

Die Entwicklung eines Kükens in einem Ei.

DIE KUNSTBRUT

ihr Nest gelegentlich zur Futtersuche verlässt. Die in der Tabelle auf Seite 80 angegebenen Kühlzeiten sollten unbedingt eingehalten werden, denn Kühlen erhöht die Schlupfrate. Grundsätzlich schaden etwas längere Kühlzeiten weniger als zu kurze. Die Eier werden zum Kühlen samt Horde aus dem Brüter genommen, auf den Tisch gestellt, mit lauwarmem Wasser besprüht und bei Zimmertemperatur stehen gelassen. (Ein Frottierhandtuch als Unterlage sorgt für eine schonende Abkühlung.) Nach Ablauf der Kühlzeit werden die Eier gewendet, erneut besprüht und zurück in die Brutmaschine gestellt. Ab dem 24. Bruttag gibt man etwas Essig in das Wasser, mit dem die Eier besprüht werden. Das weicht die Eischale ein wenig auf, sodass sie später von den Küken leichter durchstoßen werden kann. Die Embryonen drehen sich jetzt bereits selbstständig. Sie stoßen sich dabei mit dem Schnabel und den Füßen an der Eischale ab, was die Eier auf der Horde zum Wackeln bringt. Am 26. Tag werden die Enteneier vorsichtig von der Rollen- auf die Schlupfhorde gelegt. Erschütterungen sowie Hin-und-her-Kullern sind dabei unbedingt zu vermeiden.

Interessant wird es um den 26./27. Tag, denn jetzt brechen die Embryonen in die Luftkammer ein und nehmen ihren ersten Atemzug. Wer genau hinhört, vernimmt mit etwas Glück beim Kühlen ab und zu ein leises „Wiii" im Ei. Der Embryo kann nun schon Geräusche von außen oder Stimmen wahrnehmen. Sobald das erste Ei angepickt ist, sollte die Brutmaschine, wenn irgend möglich, geschlossen bleiben, damit die notwendige Luftfeuchtigkeit aufrechterhalten bleibt.

DER SCHLUPF

Nun heißt es ruhig bleiben, hoffen und abwarten, auch wenn das mehr als schwerfällt. Vom ersten Anpicken der Schale bis zum vollständigen Schlupf des Kükens können bis zu zwei Tage vergehen. Der Brutapparat sollte in dieser Zeit weiterhin nicht unnötig geöffnet werden, denn gerade jetzt ist eine gleichbleibend hohe Luftfeuchtigkeit wichtig, damit die Eihäute nicht trocken und zäh werden und das Ausbrechen aus dem Ei erschweren oder schlimmstenfalls sogar verhindern. Nur in

Mit dem Eizahn an der Schnabelspitze durchstößt das Küken die Eischale. (Foto: shutterstock.com/Maksimilian)

SO KLAPPT'S MIT DEM NACHWUCHS

Notfällen, wenn beispielsweise ein Küken an einem Teil der Eihaut festklebt, oder bei stagnierenden Fehllagen wird geholfen. Dann öffnet man vorsichtig die Eischale dort, wo der Schnabel zu sehen ist, und befreit den Kopf mit einer behutsamen Drehbewegung. Danach wird die Eischale mit lauwarmem Wasser besprüht und das Küken zum weiteren Schlupf und zur Abtrocknung wieder in den Schlupfbrüter gelegt. Die Hilfe darf aber nicht zu früh erfolgen und nur dann, wenn in den Fruchthäuten kein Blut mehr kreist. Kommt es beim Öffnen der Eikappe zu Blutungen, hat sich der Dottersack des Kükens noch nicht vollständig in die Bauchhöhle zurückgezogen.

In dem Fall muss man seine Hilfsaktion abbrechen und noch etwas abwarten, sonst hat das Küken kaum Überlebenschancen. Jene, denen Schlupfhilfe gewährt wird, sind anfangs ohnehin meist weniger vital.

Sobald die Daunen an Hals und Kopf getrocknet und flaumig sind, werden die geschlüpften Küken zweimal am Tag aus dem Brüter genommen. Bleiben sie zu lange im Schlupfbrüter, könnten sie eine Atemwegserkrankung entwickeln. Nach dem Schlupf wird die Brutmaschine samt Horden gründlich gereinigt und desinfiziert.

Es gibt noch sehr viel mehr Wissenswertes zum Thema Kunstbrut, doch das würde

Wie mit einem Dosenöffner knackt das Küken mit dem auf seinem Schnabel befindlichen Eizahn die Schale gegen den Uhrzeigersinn auf ...

den Rahmen dieses Buches sprengen. Informieren Sie sich in weiterführender Literatur und bei den Rassegeflügelvereinen. Adressen und Lesetipps finden Sie im Anhang.

Die natürliche Aufzucht durch die Ente

Während der ersten 24 Stunden nach dem Schlupf decken die Küken ihren Nährstoffbedarf aus den vom Ei mitgebrachten „Vorräten". Danach bekommen sie Hunger und Durst. Ein Sud aus lauwarmem Kamillentee regt langsam und auf milde Weise die Magen- und Darmtätigkeit an. Als Tränkgefäß verwendet man eine handelsübliche Geflügeltränke mit Bajonettverschluss und nicht zu breitem Tränkenrand, denn sonst beginnen die Küken gleich zu planschen. Gefüttert wird ein handelsübliches Entenstarterfutter, das immer zur freien Verfügung angeboten werden muss. Die Entenmutter darf die Starterpellets mitfressen; sie hat durch die Brut abgenommen und kann nährstoffreiche Kost gut vertragen.

Der Raum für „Familie Ente" soll anfangs etwas enger begrenzt werden, damit die Kleinen nicht so weit zu Futter und Wasser laufen müssen. Der Nestrand muss so beschaffen sein, dass Küken ihn bequem passieren können. Entenküken brauchen reichlich saubere und vor allem trockene Stalleinstreu. Als aufsaugende Unterlage eignen sich staubfreie Hobelspäne von unbehandeltem Holz. Der Einzelhandel bietet entsprechende Produkte speziell für die Tierhaltung an. Obendrauf kommt eine Schicht kurzes Gersten- oder Weizenstroh oder besser noch Strohhäcksel (die aber nicht zu kurz sein dürfen, weil die Küken sie sonst auffressen, was zu lebensgefährlichen Kropfverstopfungen führen kann). Wer kein Stroh hat, kann auch Heu verwenden. In den ersten zwei bis drei Tagen bleibt die Entenfamilie im geschützten Stall, danach dürfen Mutter und Küken bei schönem Wetter ins Freie. Bei Regenwetter und nassem Gras bleiben die Kleinen aber besser drinnen. Sie sind noch nicht genügend eingefettet, weshalb sie leicht durchnässen, unterkühlen und sich erkälten, was oft tödlich endet.

Ein Kükenauslauf sollte möglichst unbelastet sein. Flächen, die vorher von allerhand anderem Federvieh belaufen wurden, stellen

... bis es schließlich komplett aus dem Ei schlüpfen kann. (Fotos: Marion Bohn-Förder)

SO KLAPPT'S MIT DEM NACHWUCHS

Erst wenn alle Küken da sind, verlässt die Mutter mit ihnen das Nest. (Foto: Perutskyi Petro/Shutterstock.com)

immer ein Gesundheitsrisiko für die Entchen dar. Der Zugang zum Nest muss jederzeit möglich sein. An wärmeren Tagen dürfen alle auch schwimmen. Nach kurzer Zeit schon springen die Kleinen übermütig ins kühle Nass und führen dort instinktiv seihende und gründelnde Bewegungen aus. Beim Baden fetten sich die Küken mit dem Ölsekret aus ihrer Bürzeldrüse ein, wodurch das Gefieder nach und nach wasserdicht wird.

Enten – besonders Warzenenten – sind sehr fürsorgliche Mütter, die ihre Kids gewissenhaft führen. Lediglich in hohem Gras oder auf unwegsamem Gelände kommt es schon mal vor, dass ein Küken nicht schnell genug folgen kann und den Anschluss an die Gruppe verliert. Das kann sein Leben kosten. Der Auslauf sollte daher anfangs nicht zu groß sein und der Bewuchs darauf relativ kurz gehalten werden, damit sich die Kleinen nicht verlaufen können und womöglich unterkühlen. Ihr Mechanismus der Wärmeproduktion ist nämlich noch nicht ausgebildet. Aus dem Grund müssen die Küken immer mal wieder unter das Gefieder der Mutterente kriechen, um sich aufzuwärmen.

Enten wachsen rasant, und so wird es „unter Muttern" schnell eng. Bei großen Gelegen und in kalten Nächten wird deshalb vorsichtshalber ein Wärmestrahler im Stall aufgehängt. Im Alter von drei bis vier Wochen sind die Küken so groß, dass die Ente nachts nicht mehr alle unter ihr Gefieder bekommt und wärmen kann. Entendamen aus demselben Zuchtstamm sind gewöhnlich ungefähr gleichzeitig mit der Brut fertig, sodass eine Vergesellschaftung vom ersten Tag an möglich ist. Enten sind Gruppentiere, und so sind die Küken nach wenigen Tagen mal bei der einen und mal bei der anderen Ente zu finden. Sie kriechen auch bei verschiedenen Mutterenten unter das Gefieder, was eine Zuordnung der Küken unmöglich macht. Zeitig angelegte farbige Kunststofffußringe schaffen Klarheit. Stammen die Küken führenden Enten aus unterschiedlichen Zuchtstämmen, kann es bei einer Vergesellschaftung zunächst reichlich „Zickenterror" geben, der sich aber meist wieder legt, besonders wenn die Entenmütter vorher schon über einen gewissen Zeitraum Sichtkontakt zueinander hatten.

Küken führende Entenmütter sollte man in Ruhe lassen. Gerade die fürsorglichen Warzenenten zeigen sonst schnell, wie scharf ihre Krallen sind.

Die künstliche Aufzucht

Ohne Entenmutter keine Wärmequelle – die brauchen Küken jedoch in ihren ersten vier Lebenswochen unbedingt, ganz besonders direkt nach dem Schlupf, denn schließlich sind sie eine Temperatur von 37,2 Grad Celsius gewöhnt. Die Gewöhnung an niedrigere Temperaturen muss behutsam erfolgen. Im ersten Lebensabschnitt wird eine Raumtemperatur von 24 Grad Celsius und eine Tempe-

Temperaturen für die Aufzucht von Entenküken (nach Prof. Dr. Heinz Pingel)

Tag	Wärmequelle		Raumtemperatur
	Enten	Warzenenten	
1. bis 3.	30 °C	35 °C	24 °C
4. bis 7.	28 °C	32 °C	22 °C
8. bis 14.	26 bis 21 °C	30 °C	20 °C
15. bis 21.	18 °C	28 bis 24 °C	18 °C
22. bis 28.	18 °C	22 bis 20 °C	18 °C

ratur unter dem Wärmestrahler von 30 bis 32 Grad Celsius (bei Warzenenten bis 35 Grad Celsius) benötigt. Ab dem vierten Lebenstag beginnt die Wärmeentwöhnung. Die Umgebungstemperatur wird nach und nach auf 18 Grad Celsius reduziert.

DIE AUFZUCHTKISTE

Frisch geschlüpfte Entenküken kommen zunächst in eine Aufzuchtkiste, die idealerweise in einem hellen Raum im geschützten Wohnhaus stehen sollte. Auf eine gute Luftqualität im Zimmer ist zu achten. Entenkids wachsen sehr schnell; planen Sie die Größe der Kiste entsprechend. Zum Ruhen rücken Küken dicht aneinander. Gerät eines von ihnen dabei zuunterst in eine Ecke, kann es, je nach Anzahl der Küken, in Bedrängnis kommen. Abgeflachte Eckwinkel erweisen sich deshalb als sinnvoll. Zum Aufstellen der Tränke empfiehlt sich eine flache Wasserauffangwanne. Ein ausrangiertes tieferes Backblech leistet hier zum Beispiel gute Dienste. Man befüllt die Auffangwanne mit Hobelspänen und legt einen passenden Stein hinein, auf den man die Stülptränke stellt. Verspritztes Wasser wird so direkt aufgesaugt und die Einstreu bleibt länger trocken. Das ist wichtig, denn Küken brauchen eine trockene Einstreu und ausreichend Wärme, sonst werden sie krank.

Zwei Tage vor dem Schlupf wird die Aufzuchtkiste hergerichtet. Prüfen Sie den Wärmestrahler auf seine Funktionstüchtigkeit und kaufen Sie zur Sicherheit noch eine Ersatzbirne. In der ersten Woche verwendet man einen Infrarothellstrahler, damit die Küken sich auch nachts orientieren können. Danach kommen Dunkelwärmestrahler und/oder zusätzlich, je nach Anzahl der Küken, eine Elektrowärmeplatte für Küken zum Einsatz, weil diese den natürlichen Tag-Nacht-Rhythmus nicht beeinflussen. Grundsätzlich werden Wärmequellen nach den Angaben des Herstellers installiert (Brandgefahr). Hängt die Heizquelle circa 50 bis 60 Zentimeter über dem Boden, sollte die Temperatur darunter auf Höhe der Küken um die 32 Grad Celsius betragen. Gemessen wird in Tierhöhe. Die Küken selbst sind der beste Indikator, ob die Temperatur stimmt. Liegen die Tierchen entspannt um den Strahler herum, ist sie richtig. Drängen sie sich in die Ecken, fort von der Wärmequelle, ist es ihnen zu warm. Eine Hechelatmung mit geöffnetem Schnabel ist ebenfalls ein Indiz für eine zu hohe Wärmeeinwirkung. Sitzen die Küken hingegen dicht gedrängt direkt unter dem Strahler, bedeutet das, dass sie frieren. Der Temperaturunterschied zwischen der Wärmequelle und der Raumtemperatur hat den Vorteil, dass die Küken sich die Temperatur aussuchen können, die ihnen gerade zusagt.

Der Boden der Aufzuchtkiste wird bei nur wenigen Küken in den ersten Tagen mit alten Frottierhandtüchern ausgelegt, die man zwischendurch immer wieder austauscht. Bei einer größeren Anzahl von Küken empfehlen wir handelsüblichen Vliesstoff vom Baumarkt. Natürlich kann man idealerweise auch Hobelspäne, Strohhäcksel oder Heu in die Kiste geben, hierdurch erhöhen sich aber die Betriebsstunden Ihres Staubsaugers.

DIE KÜNSTLICHE AUFZUCHT

Bei einer größeren Kükenschar verwenden viele Züchter in der ersten Zeit selbst gebaute Kükenringe.

DIE ERSTEN LEBENSTAGE

Am Schlupftag brauchen die Küken noch kein Futter. Durch den Dottersack (Nahrungsvorrat aus dem Ei), den sie vor dem Schlupf in die Bauchhöhle eingezogen haben, sind sie noch 24 Stunden lang versorgt. Danach bekommen sie Hunger und Durst. Nun gibt es lauwarmen Kamillentee, der in einer kleineren Geflügeltränke angeboten wird. Man tunkt den Schnabel von einigen Küken ein bis zwei Mal in den Tränketeller; sofort beginnen sie mit Trinkbewegungen und nehmen Flüssigkeit auf. Die übrigen Küken sehen es und machen es schnell nach.

Die Tränke muss häufig gereinigt werden, weil die Tiere mit ihren Schnäbeln viele Futterpartikel in ihr Trinkwasser einbringen, wodurch dieses schnell verschlammt. Daher sollte der Futternapf auch nicht direkt neben der Tränke stehen. Gefüttert wird wie im Abschnitt „Liebe geht durch den Entenmagen" unter „Fütterung der ganz Kleinen" beschrieben.

SO KLAPPT'S MIT DEM NACHWUCHS

UMZUG IN DEN AUFZUCHTSTALL

Je nach Witterung bleiben die Küken die ersten paar Tage in der Aufzuchtkiste, danach beziehen sie ihren Aufzuchtstall. Dort sollte ihnen in den ersten zehn Tagen nur ein begrenzter Raum (der aber schon genug Bewegungsfreiheit bieten muss) zur Verfügung stehen, damit sie sich nicht verirren können und womöglich in einer Stallecke unterkühlen. Ideal ist ein Kükenring. Einen Tag vor dem Einstallen wird der Stall auf die erforderliche Temperatur vorgeheizt. Die Entenküken benötigen natürlich auch in ihrem neuen Heim ihre punktuelle Wärmequelle. Das Einhalten der erforderlichen Temperatur ist für die Gesunderhaltung der Tiere unbedingt notwendig. Wie bei der natürlichen Aufzucht sollte eine dicke Einstreu aus Hobelspänen, Stroh oder Heu vorhanden sein, die Feuchtigkeit aufnimmt und die Entenkinder vor Bodenkälte schützt. Das Einstreumaterial muss selbstverständlich trocken und frei von Imprägniermitteln und Schimmel sein. Ein ständiges Nachstreuen oder Wechseln der Einstreu gehört zum Tagesgeschäft eines Züchters. Die aus der Aufzuchtkiste mitgenommene Wasserauffangwanne verhindert

In manchen Jahren läuft es einfach nicht so gut und man hat nur wenige Küken. Seien Sie nicht enttäuscht, sondern genießen Sie Ihr kleines Glück! (Foto: My Good Images/Shutterstock.com)

Die Macht der Gewohnheit

Enten sollte man von klein auf an feste Rituale gewöhnen, das erleichtert den Alltag. Für Kommandos werden immer die gleichen Worte und Gegenstände verwendet. Eine gefüllte Futterdose, mit der man raschelt, oder stets der gleiche Futtereimer und das Wort „Komm" leiten den abendlichen Stallgang ein. Im Stall wird das Futter aus dem Gefäß in den Trog geschüttet. So lernen die Enten schnell, dass der Lockruf und das Gefäß signalisieren: Nun gibt's was zu fressen also nix wie hin!

auch hier, dass die Einstreu durchnässt. Nasse Einstreu beeinträchtigt das Wohlbefinden der Küken stark und schädigt ihr Bauchgefieder.

Bei schönem, warmem Wetter darf der Nachwuchs bereits nach drei bis vier Tagen für kurze Zeit in den Auslauf. Wassergeflügel wächst schnell; Sonne und genügend Bewegung unterstützen den Aufbau des Skeletts und der Muskulatur. In einem versetzbaren Gatter mit Sonnenschutz können die Entchen herumtoben – das gibt Kondition. An Sonnentagen bekommen sie auch eine flache Badegelegenheit (großer Blumenkübeluntersetzer aus Kunststoff). Raben und Elstern sind eine ernst zu nehmende Gefahr für Küken, daher sollte nicht vergessen werden, ein Netz über das Gatter zu spannen.

Bei anhaltend schlechter Witterung bleiben die Küken im Stall, werden aber in der zweiten Woche, sofern es das Wetter zulässt, zur Abhärtung ein- bis zweimal täglich für fünf Minuten ins Freie geführt. Je älter sie sind, desto länger können sie draußen bleiben. Wir betonen aber erneut, dass Entenküken in den ersten vier Wochen immer zu ihrer Wärmequelle zurückfinden müssen und keinesfalls nass werden und unterkühlen dürfen. Erst ab der fünften Lebenswoche benötigen sie keine Wärmequelle mehr. Ein Regen- beziehungsweise Sonnenschutz sollte den Jungenten auf ihrem Auslauf immer zur Verfügung stehen. Bei großer Greifvogelpopulation müssen entsprechende Schutzmaßnamen getroffen werden.

Ente oder Erpel?

Bei Enten sind die Geschlechter mit dem Flüggewerden (ab circa acht Wochen) leicht an dem auffallenden Gefieder des Erpels zu erkennen. Bei den meisten Hausentenrassen lassen sich Erpel und Ente jetzt auch an der Stimme unterscheiden. Die Ente quakt laut und hell, während der Erpel eher heiser, leise und tief krächzt. Warzenenten bilden optisch und natürlich auch stimmlich eine Ausnahme. Hier geht's nach Gewicht. Enten sind mit zwölf Wochen nur halb so schwer wie Warzenerpel, und auch später ist der Gewichtsunterschied noch sehr deutlich.

FIT UND GESUND DURCHS ENTENLEBEN

FIT UND GESUND DURCHS ENTENLEBEN

Gegen ein schlechtes Management kann man nicht impfen. Im Vergleich zu Hühnern treten bei Enten zwar relativ wenige Erkrankungen auf, aber wenn, dann sind sie nicht selten auf unsachgemäße Haltungsbedingungen zurückzuführen. Auch Erbkrankheiten und Inzucht können für böse Überraschungen sorgen.

Um unnötigem Kummer aus dem Weg zu gehen, handeln wir stets nach dem Prinzip „Vorbeugen ist besser als heilen" und möchten deshalb auf dieses Thema besonderen Wert legen. Denn nur wenn Sie Ihre Enten gewissenhaft versorgen und ihre Bedürfnisse bezüglich Fütterung und Haltung erfüllen, können Sie zumindest jene Krankheiten verhindern, die durch Haltungsfehler entstehen. Ein wichtiges Kriterium in der Tierhaltung stellt das Hygienemanagement dar. Bedenken Sie: Auch bei artgerechter Haltung steht unseren Enten nur ein begrenztes Terrain zur Verfügung. Während sich die Exkremente von Wildenten weitläufig verteilen, sammeln sich die Ausscheidungen unserer Hausenten konzentriert in Auslauf und Stall an. Hier obliegt es unserer Verantwortung, für konsequentes Hygienemanagement zu sorgen, um das Tierwohl auf Dauer zu gewährleisten.

Was genau Sie in puncto Gesundheit vorbeugend tun können, zeigt das nun folgende Kapitel.

Glückliche Enten leben gesünder

Psyche und Gesundheit sind oft eng miteinander gekoppelt. Wer sich nicht wohlfühlt, ist nicht glücklich, und wer nicht glücklich ist, wird schneller krank. Beobachten Sie das tägliche Miteinander Ihrer Tiere, besonders wenn mehrere Zuchtpaare ein gemeinsames Areal belaufen, denn Enten können sich das Leben gegenseitig durchaus schwer machen. Im Tierreich herrschen raue Gesetze. Gehandicapte oder kranke Enten werden schnell von ihren Artgenossen abgeschrieben und gnadenlos ausgegrenzt. Weil das so ist, versuchen gesundheitlich angeschlagene Tiere instinktiv, ihre Krankheitssymptome möglichst lange zu vertuschen, bis es irgendwann nicht mehr geht. Oft ist die Erkrankung dann schon zu weit fortgeschritten, sodass für das Tier meist jede Hilfe zu spät kommt. Gesundheitlich angeschlagene Enten müssen bis zu ihrer Genesung gemeinsam mit einem friedlichen Artgenossen separiert werden. Die Abtrennung im Stall und auf dem Auslauf soll aber so beschaffen sein, dass die Tiere weiterhin in Kontakt mit der Gruppe stehen.

Damit den Enten nicht der „Kragen platzt"

Leben zu viele Enten auf zu engem Raum, sind unweigerlich Stress, Aggressionen und Krankheiten die Folge. Ein Überbesatz, gerade im Stall, ist eine Zumutung für die Tiere, denn jeder braucht mal seine Ruhe und etwas Schlaf. Den finden Enten aber nicht, wenn sie Feder an Feder liegen müssen. Aufkommende Hitze, schlechte Luft, kaum Platz zum Ausweichen – da kommt es nachts des Öfteren zu emotionalen stimmlichen Entladungen. Ein Quaker genügt, und die ganze gefiederte Truppe ist auf den Beinen. Statt Nachtruhe herrscht Unruhe, und wo Tiere nie richtig abschalten können, stellen sich alsbald psychische und gesundheitliche Probleme ein. Das Federfressen bei Jungenten oder auch Befiederungsstörungen sind typische Zeichen für Gruppenstress durch eine zu hohe Besatzdichte.

Tierkauf ist Vertrauenssache

Gesunde Enten kommen nur aus gesunden Zuchten! Sowohl das äußere Erscheinungsbild der Enten als auch die Zuchtanlage selbst können viel über den Gesundheitsstatus der Tiere eines Züchters verraten. Enten, die mit wachen Augen, glattem Gefieder und festen Schritten über einen gepflegten Auslauf watscheln, erfreuen sich in der Regel bester Gesundheit. Bei Tieren, die mit gesträubtem Gefieder vermeintlich „zutraulich" ruhig dasitzen und durch schläfrige Augenschlitze gucken, sollte man besser genauer hinsehen.

Eine Zuchtanlage, in der schlimme Zustände herrschen, kann zwar schöne Tiere beherbergen, aber auch allerhand Krankheitserreger. Selbst wenn die Enten äußerlich gesund erscheinen, ihr Kauf birgt immer ein gewisses Risiko, besonders wenn sie zur heimischen Bestandsergänzung gedacht sind und direkt bei bereits vorhandenen Enten einziehen sollen.

Wenn Enten sich häufig und intensiv kratzen, könnte ein Befall mit Ektoparasiten der Grund dafür sein.

Zugekaufte Küken können ebenfalls schon Erreger in sich tragen, wenn diese in ein bakterielles Szenario hineingeschlüpft sind. Dann nämlich bekommen sie die Erreger sozusagen über ihre Eischale mit in die „Wiege" gelegt. Viele infizierte Embryonen sterben kurz vor dem Schlupf, manche danach. Jene Infizierten, die überleben, können dann ebenso wie später infizierte Enten ihr ganzes Leben lang Bakterienträger und somit Ausscheider sein. Sie selbst weisen keine Krankheitserscheinungen auf, geben aber ihre pathogene Last stetig von Tier zu Tier weiter.

QUARANTÄNE

Enten unterschiedlicher Herkunft und Enten von Ausstellungen sollten erst nach einer dreiwöchigen Quarantänezeit in den Bestand geführt werden. Das gilt für alle Zukäufe! In jeder Zuchtanlage gibt es nämlich ein individuelles Erregerreservoir. Enten besitzen zwar Antikörper gegen die im eigenen Stall vorkommenden Erreger, aber keine gegen Erregerarten aus anderen Ställen. Wenn diese gehäuft auftreten, kommt es daher fast zwangsläufig zu Erkrankungen.

Wer keine Möglichkeit hat, Enten während der Quarantänezeit angemessen unterzubringen, sollte neu hinzugekaufte Tiere vom Tierarzt checken lassen. Über Abstrichmaterial von Rachen, Kloake und auch Kot lassen sich Krankheitserreger nachweisen. So bekommt man etwas schneller Gewissheit über den Gesundheitsstatus der Tiere. Wer neu anfängt, sollte am besten alle Enten gleichzeitig von einem Züchter erwerben, um gesundheitlichen Risiken aus dem Weg zu gehen.

Was tun bei Kipp- oder Hängeflügeln?

Als Kipp- oder Drehflügel bezeichnet man Handschwingen (unteres Flügelende), die nicht am Körper der Ente anliegen, sondern von ihm weg nach außen kippen. Darüber, ob sie erblich sind, streiten sich die Geister. Zu solchen Fehlstellungen kann es bei jungen Tieren mit dem Wachstumsbeginn der Handschwingenfedern kommen. In manchen Blutlinien wurden bereits des Öfteren Tiere mit

Die linke Ente hat einen Hängeflügel. Wer schnell handelt, kann solche Fehlstellungen beheben.
(Foto: Christiane Jenewein-Stille)

Kippflügeln beobachtet, sodass eine genetische Vorbelastung nicht auszuschließen ist. Unseres Erachtens liegt die Ursache aber hauptsächlich in der Fütterung. Ist sie zu proteinreich, wachsen die Tiere viel zu schnell, was zu Ungleichmäßigkeiten führen kann. Wenn das Wachstum der Flügelknochen nicht mit dem Federwachstum Schritt hält, kippen die tragenden Flügelknochen nach außen, weil sie dem Gewicht der stark durchbluteten Handschwingenfedern nicht standhalten können. Auch Hängeflügel entstehen aus diesem Grund. Bei dieser Fehlstellung, der Name sagt es schon, hängt die Handschwinge erschlafft herab.

Bedenken Sie deshalb in puncto Fütterung: Enten, die über ein großes Areal verfügen, nehmen jede Menge Eiweißlieferanten in Form von Schnecken, Insekten, Fischen und Würmern zu sich. Bei vermehrtem Auftreten von Flügeldeformationen sollte man also den Eiweißgehalt im Futter reduzieren.

Mit entsprechenden Bandagen (dazu eignet sich Panzerband vom Baumarkt) lassen sich Fehlstellungen oft wieder in die normale Position bringen, vorausgesetzt, man verliert keine Zeit und handelt, solange der Knochen noch flexibel ist. Ist er erst ausgehärtet, bleibt der Vogel behindert und flugunfähig. Zum Bandagieren reißt man vom Panzerband einen schmaleren Streifen ab – das Band lässt sich in der Breite gut teilen – und fixiert damit den Flügel in seiner normalen Position. Fixiert wird für drei Tage. In der Regel ist die Fehlstellung dann behoben. Ist das nicht der Fall, muss für weitere drei Tage fixiert werden.

Inzucht vermeiden

Denjenigen unter Ihnen, die Enten züchten möchten, sei an dieser Stelle gesagt: Nur blutsfremde oder zumindest sehr weitläufig miteinander verwandte Tiere sollten zusammengeführt werden. Eine zu enge Verwandtschaftszucht wird auch Inzucht genannt, und Inzucht birgt immer gewisse Gefahren im Hinblick auf Fruchtbarkeit, Vitalität und Missbildungen der daraus hervorgehenden Jungtiere. Um Schäden zu vermeiden, ist es ratsam, die Abstammung von Erpel und Enten genau zu hinterfragen. Rassegeflügelzüchter haben in der Regel mehrere blutsfremde Zuchtstämme, sodass Sie auch blutsfremde Jungtiere bekommen können.

Wenn Sie Nachzucht von Ihren Enten haben und Tiere davon behalten möchten, sollten Sie zu diesen jeweils passende „Gegenstücke" hinzukaufen.

Hygiene ist das A und O

Achten Sie unbedingt auf ein optimales Hygienemanagement, denn damit leisten Sie einen entscheidenden Beitrag zur Gesundheit Ihrer Entenschar. Dazu gehören das tägliche Ausspülen aller Futter- und Wassergefäße, die regelmäßige Reinigung und Pflege von Auslauf, Badegelegenheit und Stall sowie zweimal jährlich ein gründlicher Rundumstallputz einschließlich Desinfektion. Ställe aus Holz oder Mauerwerk werden im Anschluss an die Desinfektion gekalkt. Zur Herstellung der dafür geeigneten Kalkmilch vermischt man einen Teil Löschkalk mit drei Teilen Wasser.

Schädliche Untermieter

Mäuse und Ratten nisten sich, besonders in der kalten Jahreszeit, allzu gern im heimeligen Entenlager ein. Dort verbreiten sie nicht nur Krankheitserreger, sondern sie versetzen außerdem das Entenvolk des Nachts in Panik. Ratten laben sich darüber hinaus mit Vorliebe an Bruteiern und Entenküken. Wenn bei Ihrer Stallvisite lange Schwänze in der Einstreu verschwinden, müssen Sie dringend handeln.

Im Sommer werden Enten des Öfteren von Federlingen heimgesucht. Mit Ewazid Perex (zu beziehen im Internet über die Website www.reimers.biz) sind die Tiere ihre Plagegeister schnell wieder los. Das Mittel kann zur Stalldesinfektion und direkt am Tier eingesetzt werden. Es wird gemäß den Angaben des Herstellers in einer Sprühflasche mit Wasser verdünnt. Von dieser Lösung sprüht man am Abend jedem Tier ein bis zwei Hübe – abhängig von der Größe der Ente – unter jeden Flügel. Die Anwendung erfolgt einmalig.

Der tägliche Gesundheitscheck

Schnabelcheck: Wenn Sie beobachten, dass eine Ente Probleme beim Fressen hat, sollten Sie einmal einen Blick in ihren Schnabel werfen. Entzündungen der Schnabelhöhle sind bei Enten zwar selten, kommen aber vor. Meist sind sie verletzungsbedingt. Die betroffene Stelle wird mehrmals täglich mit Hexal-Lösung für die Mundhöhle (Apotheke) eingepinselt.

Im Inneren des Oberschnabels ist die Coanenspalte zu erkennen – ein kleiner, länglicher, von weißen Sinneshärchen umgebener Schlitz. Setzt sich dort ein spitzes Partikelchen fest, kann es zu heftigen Entzündungen kommen. Bei strengem Geruch aus dem Schnabel sollten Sie sich daher die Coanenspalte samt der umliegenden Schleimhäute und auch die Nasenlöcher ansehen. Die Nasenscheidewand ist bei Enten im Bereich der Nasenlöcher nicht getrennt, sodass man von einer Seite zur anderen durchschauen kann. Ist das nicht der Fall, besteht Handlungsbedarf.

Fuß- und Schnabelfarbe: Bei gesunden, ausgewachsenen Enten sind die Füße und der Schnabel von satter Farbe. Aufhellungen in der Schnabelhaut oder insgesamt eine blasse Schnabel- oder Fußfarbe können auf Innenschmarotzer (Endoparasiten) hinweisen. Auch ein Mineralienmangel (Wassergeflügel benötigt bestimmte Mineralien für den Stoffwechsel und alle Lebensfunktionen) führt zu heller Schnabel- und Fußfarbe. Bei brütenden Enten ist das deutlich zu sehen.

Kot: Enten setzen zwei verschiedene Arten von Kot ab. Den normalen, der geformt und grau bis schwarz ist, und den dünnflüssigen, braunen, streng riechenden Blinddarmkot, der ein- bis zweimal täglich abgesetzt wird. Die weißen Fäden im Kot gehören dorthinein; hierbei handelt es sich um eingedickten Harn.

Hellbrauner, schaumbedeckter Kot ist ein Hinweis auf falsche Ernährung (Eiweißüberschuss, zu wenig Ballaststoffe, schlechte Futterqualität). Durchfall von weißlich gelber Farbe kann ein Indiz für Kokzidien sein.

DER TÄGLICHE GESUNDHEITSCHECK

Was ist wo? – Kleine Exterieurkunde bei der Ente.

HILFE, MEINE ENTE IST KRANK!

HILFE, MEINE ENTE IST KRANK!

Wenn eine Ente erkrankt, stehen Halter und Tier häufig vor einem Problem. Denn Enten kommen nur selten auf die Untersuchungstische der Tierärzte, sodass hier oft die nötige Praxiserfahrung fehlt. Das führt dazu, dass Diagnosen teils nur auf Vermutungen basieren und bei der Behandlung nicht selten herumexperimentiert wird – erhält die Ente hierbei ein für Wassergeflügel ungeeignetes Medikament, kann sie das im ungünstigen Fall ihr Leben kosten. Erkundigen Sie sich daher unbedingt vorsorglich nach einem geflügelkundigen Tierarzt. Im Interesse Ihres Tieres sollten Sie bereit sein, wenn nötig einen etwas weiteren Weg zu diesem in Kauf zu nehmen.

Damit Sie selbst in Verletzungsfällen schnell Erste Hilfe leisten können, sollten ein Wunddesinfektionsmittel wie Betaisodona, Mullkompressen, Klebeband, Schere und eine Pinzette in Ihrer Hausapotheke nicht fehlen.

Dank der Unterstützung von Herrn Dr. med. vet. Matthias Görlach war es uns möglich, in diesem Kapitel genauer und fachlich fundiert auf die häufigsten Entenkrankheiten einzugehen. Die folgenden Seiten sollen Ihnen als Orientierungshilfe dienen und helfen, Krankheiten zu erkennen und schnell geeignete Maßnahmen zu ergreifen. Den Gang zum Tierarzt können sie jedoch keinesfalls ersetzen.

Foto: Stephaniellen/Shutterstock.com

Viruserkrankungen

Im Folgenden möchten wir Ihnen einen Überblick über die wichtigsten Viruserkrankungen bei Enten geben. Leider lassen sich solche Infektionen oft nur schwer bis gar nicht behandeln und kosten zahlreiche Tiere im Bestand das Leben. In einigen Fällen ist eine Impfung möglich.

DERZSYSCHE KRANKHEIT

Diese Infektionskrankheit, die auch Parvovirose oder Leberentzündung genannt wird, befällt nur Gänse, Moschus- und Warzenenten und führt bei Jungtieren im Alter von einer bis vier Wochen zu hohen Verlusten. Bei älteren Tieren nimmt die Krankheit eher einen subakuten bis chronischen Verlauf, aber ebenfalls mit hohen Verlusten, sogar noch nach 14 Tagen.

Anzeichen: Die Küken fressen schlecht, bleiben im Wachstum zurück, zeigen teils behinderte Bewegungen, fallen oft um oder stehen nach dem Hinlegen nicht mehr auf und gehen schließlich ein. Im späteren subakuten Stadium wird häufig eine Bauchwassersucht (deutlich tastbare Flüssigkeitsansammlung in der Bauchhöhle) beobachtet. Oft zeigen junge Tiere eine deutlich erhöhte Herztätigkeit, was an einer krankhaften Ausdehnung der Herzkammerwand liegt. Besonders auffällig sind die unterschiedlichen Größen der Tiere in einer zuvor einheitlichen und gleichaltrigen Kükengruppe. Manche Tiere verlieren ihre Rückendaunen. Später kommt es zu Störungen in der Gefiederentwicklung. Oft führen Sekundärinfektionen zu weiteren Komplikationen, die dann das Krankheitsbild bestimmen.

Ursache: Untersuchungen aus den 1960er-Jahren zufolge ist die Verbreitung dieser Krankheit im Zusammenhang mit einer zunehmenden Intensivierung der Enten- und Gänsehaltung zu sehen. Die Übertragung des Virus erfolgt bereits im Brutei oder während der Schlupfphase im Brutschrank, sofern dort infizierte Eier ausgebrütet werden. Infizierte Küken übertragen das Virus auf empfängliche Artgenossen im Stall.

Behandlung: Eine Behandlung ist nicht möglich. Daher gilt: vorbeugen! Wesentlich ist hier die zweimalige Impfung (aktive Immunisierung) der Zuchttiere vor Legebeginn. Dadurch bekommen auch die Nachkommen eine belastbare maternale Immunität, die sie in den ersten Lebenswochen schützt. Ein hundertprozentiger, lebenslanger Schutz ist durch eine Impfung jedoch nicht immer gewährleistet. Die regelmäßige Desinfektion des Stalles und aller Gerätschaften ist deshalb eine weitere wichtige Maßnahme.

ENTENPEST

Diese durch ein Herpesvirus verursachte, oft seuchenhaft verlaufende Infektionskrankheit kommt bei Enten, Gänsen und Schwänen vor. Als besonders empfänglich gelten die Stockente sowie die von ihr abstammenden Hausentenrassen. Die Krankheit verläuft in der Regel akut bis perakut in Abhängigkeit von Alter, Rasse, Immunstatus und den Haltungs- und Fütterungsbedingungen. Die Krankheitsdauer beträgt meist ein bis

VIRUSERKRANKUNGEN

drei Tage, oft auch nur wenige Stunden. Bei älteren Tieren kann sie sich jedoch über zwei bis drei Wochen hinziehen.

Anzeichen: Das Allgemeinbefinden der Tiere ist gestört, ihr Gefieder ist gesträubt, sie sind apathisch und haben keinen Appetit. Wässriger, grünlich gefärbter Durchfall, der das Gefieder im Kloaken- und Bauchbereich verschmutzt, eitrige Augenbindehautentzündungen in Verbindung mit Lichtscheuheit sowie eitrig verklebter Nasenausfluss, erschwerte Atmung und eine heisere Stimme sind festzustellen. Darüber hinaus treten Bewegungsstörungen und Lähmungen der Hals- und Beinmuskulatur auf. Die Enten bewegen sich dann nur noch kriechend vorwärts beziehungsweise sind völlig bewegungsunfähig.

Ursache: Diese Infektionskrankheit tritt vor allem im Frühjahr und Sommer auf, wenn frei lebende Enten und Gänse in ihre heimischen Brutreviere zurückkehren und den Erreger mitbringen. Der Kontakt zu Wildvögeln sollte daher möglichst unterbunden werden.

Tierarzt Dr. Görlach kommt im Notfall auch zur Ente. Das bedeutet weniger Stress für die sensiblen Tiere. (Foto: Marion Bohn-Förder)

Behandlung: Erkrankte Enten können nicht behandelt werden. Sie sind zu erlösen. Die Vorsorge mittels einer aktiven Immunisierung mit entsprechenden Lebendimpfstoffen ist anzuraten, besonders für Enten, die natürliche Gewässer aufsuchen. Die Impfung kann in jedem Alter erfolgen.

VIRUSHEPATITIS

Diese Infektionskrankheit wird durch ein Enterovirus verursacht. Sie fordert bei Entenküken im Alter von ein bis vier Wochen hohe Verluste. Ab der fünften Lebenswoche bilden Jungenten eine gute Widerstandsfähigkeit gegen die Virushepatitis aus. Jene, die die Krankheit überstanden oder sich später infiziert haben, zeigen meist keine Symptome, sind aber ein Erregerreservoir und scheiden das Virus mindestens acht Wochen lang mit dem Kot aus. Der Erreger wird dann von anderen Enten mit Futter, Wasser oder Einstreu aufgenommen. Bereits 24 Stunden nach der Virusaufnahme kommt es zu ersten Veränderungen in der Leber. Nach einer Inkubationszeit von zwei bis fünf Tagen nimmt die Krankheit einen rasanten Verlauf.

Anzeichen: Nach anfänglicher Mattigkeit, Appetitlosigkeit und Gleichgewichtsstörungen fallen die Jungenten schließlich auf die Seite und führen mit den Beinen Ruderbewegungen aus. Wenige Stunden später tritt der Tod ein, der Kopf wird hier vielfach krampfhaft nach hinten gehalten, der Schnabel ist blau verfärbt.

Ursache: Die Übertragung erfolgt vor allem durch zugekaufte Tiere, die die Krankheit überstanden haben, den Erreger jedoch in sich tragen und ausscheiden. Ratten können das Virus ebenfalls weitertragen, indem sie mit ihrem Kot Futter und Wasser verunreinigen. Die Übertragung durch Wildenten (Stockente) erscheint ebenfalls möglich.

Behandlung: Für erkrankte Jungenten kommt oft jede Hilfe zu spät. Bei Auftreten erster Krankheits- oder Todesfälle im Bestand kann jedoch versucht werden, die noch gesunden Tiere durch eine Notimpfung zu schützen. Das Virus ist äußerst widerstandsfähig. Daher muss auch eine gründliche Desinfektion (Stall, Stallgeräte, Badebecken, Stallschuhe) mit einem entsprechend wirksamen Desinfektionsmittel erfolgen. Als Mittel der Wahl in gefährdeten Beständen gilt die vorbeugende zwei- bis dreimalige Impfung der Elterntiere mit dem Ziel, einen maternalen Impfschutz bei den Küken aufzubauen. Da dieser Schutz nur etwa die Hälfte der gefährlichen Zeit anhält, hat sich bei hohem Infektionsdruck (zum Beispiel in Erwerbsbeständen) eine zusätzliche Serumbehandlung der Küken am 12. bis 14. Tag bewährt.

ENTENINFLUENZA

Bei Erkältungskrankheiten handelt es sich oft um Mischinfektionen mit bakteriellen und viralen Erregern. Häufig sind Influenzaviren jedoch die eigentlichen Auslöser der Erkrankung. Influenza-A-Viren kommen in Menschen, Wildvögeln, Haustieren und auch in unserem Hausgeflügel vor. Unter ihnen finden sich sowohl pathogene (krankheitserregende) als auch apathogene (nicht krankheitserregende) Varianten. Die Viren leben auf den Schleimhäuten, und ein intaktes Immunsystem verhindert ihr Eindringen in die tieferen Schleimhautschichten. Gelingt es den pathogenen Viren aber durch verschiedene ungünstige Einflüsse, die körpereigene Schutzbarriere der Ente zu durchbrechen und in die Schleimhäute zu gelangen, erkrankt das Tier an einer Erkältung oder Grippe.

Anzeichen: Die betroffenen Enten sind matt, nehmen weniger Futter und Wasser auf, niesen und haben schleimigen Nasenausfluss. Außerdem sind bei ihnen Entzündungen der Schnabelhöhle und Luftröhre sowie eine erschwerte Atmung (Röcheln) und Tränenfluss zu beobachten. Nicht selten sind beide Nebenhöhlen angeschwollen (Sinusitis).

Ursache: Die Ursachen sind vielfältig. Ständige Zugluft im Stall, zu wenig oder durchnässte Einstreu im Winter, zu starke Besatzdichte, Stress, Durchnässen der Küken bei kalter Witterung. Kontakt mit frei lebenden Vögeln (Sperlinge, Tauben, Stare, Möwen, Stockenten) gehören dazu.

Behandlung: Antibiotika bekämpfen zwar nur die bakteriellen Sekundärinfektionen, sind aber häufig angezeigt und können den Krankheitsverlauf deutlich abmildern. Außerdem kann Viruvetsan® (ein homöopathisches Arzneimittel) oral verabreicht werden. Sinnvoll ist es auch, die Vitamine A, C und E für ein bis zwei Tage über das Trinkwasser zu geben.

Achtung, Zoonose! Influenza-A-Viren können von Enten auf den Menschen übertragen werden und umgekehrt.

Geflügelpest

Sehr selten (meist durch Kontakt mit Zugvögeln oder Tieren aus gewerblichen Zuchten) infizieren sich Enten mit hochpathogenen Influenzastämmen, die auch Durchfall und neurologische Symptome verursachen und große Tierverluste fordern können. Hier spricht man von der klassischen Geflügelpest, die auch Menschen gefährlich werden kann. Begründete Verdachtsfälle sollte der Tierhalter, schon im Interesse seiner eigenen Gesundheit, dem Veterinäramt melden.

Bakterielle Erkrankungen

Bakterielle Erkrankungen sind die zweite große Gruppe der Erkrankungen, die Enten betreffen können. Sie lassen sich in der Regel durch ein geeignetes Antibiotikum behandeln.

STAPHYLO- UND STREPTOKOKKEN

Diese Kokkenformen kommen überall vor, wo Tiere gehalten werden. Sie gehören sozusagen zur natürlichen Keimflora. Sie leben in der Umgebung (Auslauf, Stall,

Volieren, Einstreu, Futter) und darüber hinaus auch auf dem Körper und den Schleimhäuten gesunder Tiere. Solange die Enten topfit sind, können sie durchaus mit diesen bakteriellen „Untermietern" leben, ohne dass es zu einer Erkrankung kommt. Bei geschwächten Enten jedoch kann der Erreger jederzeit eine Infektion auslösen, wobei sowohl eine innere Infektion über den Darmkanal als auch eine äußere Infektion über offene Wunden, Atmungsorgane oder den Nabel möglich ist. Kokkenerreger können auch Bruteiern gefährlich werden, denn eine Infektion der Embryonen über die Eischale ist möglich. Von größerer Bedeutung ist hier aber die Infektion nach dem Schlupf über die noch nicht geschlossene Nabelwunde durch ein erregerbelastetes Umfeld.

Anzeichen: Je nach Übertragungsweg kann sich die Erkrankung in sehr unterschiedlicher Form zeigen, zum Beispiel als Allgemeinerkrankung, die sich durch Apathie, Fressunlust, gesträubtes Gefieder und Durchfall äußert und die bei akutem Verlauf innerhalb weniger Tage zum Tod führt. Darüber hinaus führen Kokkeninfektionen bei Jungenten in der Wachstumsphase zu schmerzhaften Entzündungsprozessen an verschiedenen Gelenken und Sehnen, sodass die Tiere stark lahmen, nicht laufen möchten und größtenteils liegen. Auch für eine Zehenballengeschwulst können Staphylokokken verantwortlich sein, ebenso wie für nicht heilende Hautentzündungen. Eine Nabelentzündung bei Jungenten erkennt man an der entzündlich veränderten, geschwollenen Nabelwunde. Der während des Schlupfvorganges aufgenommene Dotterinhalt schimmert durch die aufgetriebene Bauchwand hindurch und zeigt aufgrund der Keimvermehrung oft eine grüngräuliche Verfärbung.

Ursache: Da Kokken stets präsent sind, muss das Risiko, dass sie Infektionen auslösen, minimiert werden. Regelmäßige Stallreinigungen unter Verwendung geeigneter Desinfektionsmittel helfen, die Keimbelastung im Umfeld der Tiere zu reduzieren. Mögliche Verletzungsursachen wie scharfe Gegenstände, rauer Stallboden oder Ausläufe mit scharfkantigen Steinen (Schotter) müssen vermieden werden. Auch eine zu hohe Besatzdichte birgt Verletzungsgefahr. Eine gewissenhafte Bruteidesinfektion und Brutschrankhygiene schützt vor Nabelentzündungen.

Behandlung: Bei einer akuten Erkrankung muss schnellstmöglich eine antibiotische Behandlung eingeleitet werden. Baytril® kann hier zum Einsatz kommen.

ERKRANKUNGEN DURCH KOLIBAKTERIEN

Kolibakterien (Escherichia coli) kommen überall in unserer Umwelt vor, auch in Menschen und Tieren, wo sie zusammen mit anderen Mikroorganismen die Darmschleimhäute ihres Wirtes besiedeln. Sofern dieser vital ist, richten sie keinen Schaden an. Geschwächte und insbesondere gestresste Enten jedoch können durch Kolibakterien ernsthaft erkranken. Auch während der Eiablage und der Brut sind weibliche Tiere immer mal wieder betroffen. Oftmals öffnet eine Koliinfektion die Pforte

BAKTERIELLE ERKRANKUNGEN

für andere Bakterien. Es entsteht eine Mischinfektion, bei der in erster Linie der Legeapparat der Ente befallen wird.

Anzeichen: Eine Erkrankung äußert sich durch Mattigkeit, Fressunlust, vermehrte Wasseraufnahme sowie wässrigen, schwallartigen, zum Teil faulig riechenden Durchfall. Oft findet man im Kot weiße, käsige Absonderungen, die an gekochtes Eiweiß erinnern. An den Eiern sind weißliche, streng riechende Fibrinauflagen zu erkennen. Nicht selten führen die Fibrinausschwitzungen zu einer massiven Verklebung des Legeapparates, die letztendlich eine akute Legenot verursachen kann. Im fortgeschrittenen Stadium können diese Verklebungen auf einen Teil des Darmes übergreifen, was einen hochgradigen Darmverschluss zur Folge haben kann. Die betroffenen Tiere stehen bewegungsunfähig und schmerzgezeichnet abseits.

Achtung: Erkrankte Tiere geben die Erreger über die Eischale an die Embryonen weiter. Dadurch können diese bereits im Ei absterben oder während der Brut und Schlupfphase erkranken.

Ursache: Das Problem ist hier unzureichende Hygiene. Kot auf kleineren Ausläufen muss unbedingt regelmäßig abgesammelt werden, und man sollte seine Tiere nicht auf stehenden Naturtümpeln baden lassen.

Behandlung: Da Kolibakterien wahre Künstler im Entwickeln von Antibiotikaresistenzen sind, ist blindes Herumprobieren bei der Behandlung falsch und kostet nur wertvolle Zeit. Es ist vielmehr ratsam, ein Antibiogramm durch den Fachmann erstellen zu lassen, um gezielt ein wirksames Antibiotikum einsetzen zu können. Bei Enten mit Legenot kann eine Behandlung durch den Tierarzt versucht werden. Ist es bereits zum Darmverschluss gekommen, gibt es jedoch keine Rettung mehr.

SALMONELLOSE

Diese bakterielle Erkrankung kommt bei allen Geflügelarten vor. Insbesondere junge Enten erkranken akut und meist tödlich. Häufig wird schon der Eidotter im Leib des Muttertiers infiziert, oder die Keime wan-

Das geht gar nicht! Wer seine Enten im Mist gründeln lässt, darf sich über Kolibakterien nicht wundern.

dern durch die Schale in das Eiinnere, nachdem sie mit Kot auf die Oberfläche des Eis gelangt sind. Die Embryonen dieser infizierten Eier sterben meist kurz vor dem Schlupf. Küken, die schlüpfen, scheiden vom ersten Lebenstag an Salmonellen aus. Überleben sie, können sie genau wie später infizierte Enten ihr ganzes Leben lang Bakterienträger und somit Dauerausscheider von Salmonellen sein, ohne dass sie selbst Krankheitserscheinungen zeigen.

Anzeichen: Jungtiere fallen durch Appetitlosigkeit, starken Durst und ein struppiges Gefieder beziehungsweise Daunenkleid auf. Es kommt zu starkem Durchfall, das Daunengefieder um die Kloake ist verklebt. Die Küken wirken kraftlos und schläfrig. Auffällig ist das verstärkte Wärmebedürfnis: Die Küken drängen sich in Gruppen zusammen, wobei sie mit gesenktem Kopf, halb geschlossenen Lidern, hängenden Flügeln und gesträubtem Gefieder dastehen. Manche schnappen nach Luft. Die Zahl der erkrankten Tiere kann erheblich schwanken. Die höchsten Verluste sind während der zweiten Lebenswoche zu verzeichnen. Bei subakutem bis chronischem Verlauf werden schleimig eitrige Bindehautentzündungen, Atembeschwerden, Gleichgewichtsstörungen, dicke, geschwollene Gelenke, Bewegungsunlust sowie Lähmungserscheinungen beobachtet.

Erwachsene Enten überstehen eine Infektion häufig ohne erkennbare Krankheitsanzeichen, sind aber in der Folge vielfach Salmonellenausscheider.

Ursache: Auch hier ist das Hauptproblem wieder einmal mangelnde Hygiene. Mit dem Futter und dem Trink- beziehungsweise Badewasser können Salmonellen in einen Bestand eingeschleppt werden, wenn dieses durch den Kot von infizierten Enten, Wildvögeln oder Schadnagern verunreinigt ist. Wer ein latent infiziertes Tier erwirbt, stallt unwissentlich eine tickende Bombe ein, die meist in der kommenden Brutsaison Entenleben fordert.

Behandlung: Zunächst sollte eine Kotuntersuchung zum Erregernachweis erfolgen. Eine erkannte Salmonelleninfektion wird dann mit einem geeigneten Antibiotikum behandelt. Hier ist aber Vorsicht geboten, da bestimmte, in der Geflügelwirtschaft gängige Präparate nicht für Wassergeflügel zugelassen sind. Handeln Sie deshalb nie auf eigene Faust!

Achtung, Zoonose! Salmonellose ist auch auf Menschen übertragbar. Gründliches Händewaschen ist nach dem Kontakt mit erkrankten Tieren unumgänglich.

BOTULISMUS

Botulismus ist eine bei Mensch und Tier auftretende Vergiftung durch Botulinumtoxin. Das Bakterium Clostridium botulinum vermehrt sich unter Toxinbildung in Faulstoffen tierischer und pflanzlicher Herkunft, etwa im Schlamm seichter Uferregionen von Seen und Teichen. Besonders im Hochsommer, wenn deren Sauerstoffgehalt sinkt, finden Clostridien optimale Vermehrungsbedingungen, und dementsprechend setzt

Die Qualität eines Gewässers, auf dem Geflügel schwimmt, sollte man, besonders im Hochsommer, stets im Auge behalten.

eine starke Toxinproduktion ein. Auch Kadaver oder verdorbene Futtermittel sind für Clostridien idealer Lebensraum und zudem ein All-inclusive-Hotel für allerlei Kleinlebewesen wie Insekten und Würmer und auch für Fische. Sie alle finden sich hier zum gemeinsamen Mahl oder zur Eiablage ein. Diesen nicht warmblütigen Tieren schadet das Toxin nicht. Sie können es aber auf alle auf dem Wasser lebenden Vögel übertragen. Eine besondere Rolle spielen toxinbelastete Fliegenlarven und -puppen, die von Enten gefressen werden.

Anzeichen: Die Tiere zeigen Schluckbeschwerden und Nickhautvorfall. Typische Symptome sind zudem eine schlaffe Lähmung des Halses, der Zunge und der Gliedmaßen. Werden erkrankte Enten hochgehoben, hängen Kopf und Hals hinunter. Auch hochgradiger Durchfall, Federausfall, Schlafsucht und Krampfanfälle prägen das Krankheitsbild.

Ursache: Die Erreger kommen weltweit im Boden und in Gewässern vor. Ihre Fähigkeit zur Sporenbildung sichert ihnen selbst unter ungünstigen Verhältnissen eine jahrelange Präsenz. Sowohl die orale Aufnahme des

Toxins als auch die Erregeraufnahme und -vermehrung im Verdauungskanal kann zur Vergiftung führen.

Behandlung: Sofern die Toxine nicht schon irreparable Schäden angerichtet haben, kann man im Einzelfall eine Behandlung mit einem geeigneten antitoxischen Serum versuchen. In diesem Zusammenhang muss auch eine mehrtägige Zwangstränkung erfolgen, damit das Toxin langsam abgebaut und ausgeschieden werden kann.

Bei Auftreten und zur Verhinderung dieser Krankheit muss aber die Vorbeugung im Vordergrund stehen. Häufen sich die Erkrankungen, sind eine Gewässersanierung sowie das Trockenlegen von Schlammstellen nötig. In kleineren Gewässern muss der Sauerstoffgehalt angehoben werden (etwa mittels eines Springbrunnens). Um den Botulismuskreislauf zu unterbrechen, sind tote Tiere unverzüglich zu entfernen. Der Schilfgürtel offener Gewässer sollte täglich abgesucht werden, da sich sterbende Wasservögel dorthin zurückziehen. Die Beseitigung der Kadaver schützt auch andere Tiere, die sich sonst von diesen ernähren und so ebenfalls an Botulismus erkranken können. Eine Schadnager- und Insektenbekämpfung ist ebenfalls anzuraten.

ORNITHOSE

Diese hochinfektiöse Erkrankung, die auch als Chlamydiose bezeichnet wird und im Volksmund Papageienkrankheit heißt, wird durch das Bakterium Chlamydia psittaci hervorgerufen. Latent infizierte Tiere scheiden den Erreger über den Atmungs- und Verdauungstrakt aus. Eine Übertragung erfolgt vorwiegend über den Luftweg, also durch Einatmen von chlamydienhaltigem Staub oder erregerhaltigem Körpersekret (Tröpfcheninfektion). Da Wildenten während des Vogelzuges weite Entfernungen zurücklegen, spielen sie ebenso wie Möwen bei der Übertragung von Infektionskrankheiten, darunter auch Ornithose, eine nicht zu unterschätzende Rolle.

Anzeichen: Bei empfänglichem Geflügel kommt es nach Ablauf der Inkubationszeit zu akuten Allgemeinsymptomen wie Futterverweigerung, starker Abmagerung, Hängenlassen der Flügel, Schläfrigkeit, gesträubtem Gefieder, wässrigem, grünlichem Durchfall, eitriger Lidbindehautentzündung, Trübung der Hornhaut, dickflüssigem bis eitrigem Nasenausfluss, Zittern und schwankendem Gang.

Ursache: Viele Enten machen bereits als Jungtier eine Infektion durch, ohne offensichtliche Krankheitssymptome zu zeigen. Ungünstige Umwelteinflüsse wie Kälte, unzureichende Fütterung und unhygienische Haltung, aber auch Mischinfektionen mit Salmonellen können zum Ausbruch der Krankheit und zu Todesfällen führen.

Behandlung: Zur Behandlung von Ornithose eignen sich vornehmlich Tetracycline. In jedem Fall sollten aber vom Tierarzt zunächst ein Erregernachweis und ein Resistenztest erstellt werden.

Achtung, Zoonose! Leidet man selbst unter unklaren Beschwerden, ist eine Übertragung der Ornithose durch infizierte Enten in Betracht zu ziehen.

AUGENENTZÜNDUNG

Betroffene Enten reiben ihr Auge häufig, kratzen sich hin und wieder, und das schaumartige Sekret im inneren Augenwinkel zeigt, dass hier etwas nicht stimmt. Meist nimmt der Halter das Problem aber erst wahr, wenn Schwellungen auftreten und die Bindehaut weislich eingetrübt ist. Dann ist es schon höchste Eisenbahn, etwas zu unternehmen, denn mit Augenlicht spaßt man nicht!

Anzeichen: Eine Entzündung äußert sich durch gerötete, verklebte Augen, schaumige weißliche Absonderungen im Auge, geschwollene Lider und eine eingetrübte Bindehaut. Im akuten Stadium schwillt das Auge komplett zu.

Ursache: Enten brauchen die Möglichkeit, ihren Kopf täglich ganz unter Wasser zu tauchen, um Staub und Schmutzpartikel aus ihren Nasenöffnungen und den Augen zu spülen. Geschieht das nicht, kann es durch anhaftende, reibende Schmutzpartikel zu Bindehautreizungen oder Verletzungen kommen.

Auch Zugluft und Erkältungskrankheiten können zu Augenentzündungen führen, und Insektenstiche, Milben oder Zeckenbisse lösen ebenfalls teilweise heftige Entzündungsreaktionen im Augenbereich aus, die nicht selten auf die komplette Gesichtshälfte ausstrahlen.

Behandlung: Das betroffene Auge muss täglich mit sauberem Wasser gespült werden, um das Entzündungssekret zu entfernen. Eventuelle Verkrustungen im Lidbereich werden mit einem sauberen, in lauwarmem Wasser getränkten Tuch aufgeweicht und entfernt. Zwei- bis dreimal täglich muss eine antibiotische Augensalbe mit einem Tetracyclin oder Gentamycin eingebracht werden (das so behandelte Tier darf man anschließend nicht gleich wieder ins Wasser lassen, sonst kann die Salbe nicht wirken). Bei akuten, heißen Entzündungsprozessen verschaffen Kühlgelkompressen etwas Linderung. Tiere mit akuten Augenentzündungen sollten im Hochsommer zunächst im abgedunkelten Stall bleiben. Enten reiben ihr krankes Auge des Öfteren am Rückengefieder oder kratzen daran, das verzögert den Heilungsprozess. Verhindern kann man es leider nicht.

Mykoplasmeninfektionen

Achtung! Sie sind leicht mit banalen Bindehautentzündungen zu verwechseln. Die einzelligen Erreger befallen häufig erst einmal nur ein Auge („nasses Auge") und halten sich dort oft hartnäckig über mehrere Wochen. Unbehandelt wandern sie jedoch nicht selten weiter und greifen auf das andere Auge sowie die Nebenhöhlen über. Später kommen schwere Atemwegsinfekte hinzu. Eine längere Antibiotikabehandlung, sowohl am Auge als auch systemisch, ist dann notwendig.

Einfetten gehört zum „entischen" Reinigungsritual. Nur mithilfe von Wasser funktioniert die Bürzeldrüse optimal. (Foto: sevenke/Shutterstock.com)

BÜRZELDRÜSENENTZÜNDUNG

In der Nähe der Schwanzspitze liegt an der Basis der Steuerfedern die etwa haselnussgroße Bürzeldrüse. Bei Enten besitzt sie vier Kanäle, die in einem zitzenförmigen Kegel münden. Bei einigen Tieren verstopfen die Kanäle dieser Drüsen.

Ursache: Enten, die nicht ausreichend Gelegenheit zum Baden haben, sind von diesem Problem sehr viel häufiger betroffen als andere. Anhaftender Schmutz und Federstaub können die Poren verschließen, sodass das Ölsekret nicht mehr richtig abgegeben werden kann, sich ansammelt und eindickt. Mit der Zeit entsteht eine schmerzhafte Entzündung, deren bakterielle Erreger nicht selten auf andere Körperteile übergreifen.

Anzeichen: Die betroffenen Enten tragen den Schwanz fortwährend steil nach oben oder schief und zeigen sichtbar gespannte Bewegungsabläufe. Die Bürzeldrüse ist prall angeschwollen und in den Öffnungen sind dunkelgelbe, festere Pfropfen (ähnelt Ohrenschmalz) erkennbar. Bei Druck kommen teils festere, übel-riechende „Würstchen" aus den Öffnungen heraus – im Normalfall ist das Ölsekret flüssig. Manche Tiere beißen sich vor Schmerzen die Steuerfedern ab. Bei akuten Entzündungsprozessen lahmen sie oft und liegen viel.

Behandlung: Die beiden Öffnungen der Drüse werden mit warmer Kernseifenlauge aufgeweicht. Danach wird das Sekret ganz sanft ausmassiert. Übel riechende, bereits eitrige Abszesse müssen von Tierarzt behandelt werden.

Pilzerkrankungen

Pilzsporen finden sich überall in unserer Umwelt, und es lässt sich kaum vermeiden, mit ihnen in Berührung zu kommen. Bei einem geschwächten Immunsystem und schlechten hygienischen Bedingungen sind Mykosen – wie Pilzerkrankungen wissenschaftlich genannt werden – daher Tür und Tor geöffnet.

ASPERGILLOSE

Diese Infektionskrankheit wird durch Schimmelpilze der Gattung Aspergillus verursacht, die sich auf feuchtem, fauligen Grund vermehren. Sie kann Enten jeden Alters befallen, insbesondere deren Atmungssystem. Die eingeatmeten Pilzsporen setzen sich in der Lunge und vor allem in den Luftsäcken fest, keimen dort aus und erzeugen regelrechte Schimmelrasen. Mit der Nahrung aufgenommene Pilzsporen können über den Verdauungstrakt direkt in die Blutbahn gelangen und in der Folge für heftige Entzündungsherde an zahlreichen inneren Organen sorgen. Die Schwere der chronisch verlaufenden Erkrankung hängt von der Resistenzlage der betroffenen Ente sowie der Menge der aufgenommenen Sporen ab. Gestresste und schwache Vögel erkranken wesentlich häufiger an einer Aspergillose.

Anzeichen: Die Enten haben Atembeschwerden. Sie atmen mit geöffnetem Schnabel und schnappen beim Fressen nach Luft. Hinzu kommen Appetitlosigkeit, Apathie und eine rasche Verschlechterung des Allgemeinzustandes bis hin zu Siechtum und Tod.

Ursache: Pilze lieben feuchtes Klima. Eine stockige, schimmlige Stalleinstreu, feucht gewordenes Fertigfutter oder Getreide sowie dauerhaft verdreckte Futter- oder Wasserbehälter sind ein Eldorado für den Aspergillus. Auf einem permanent feuchten Stallboden (besonders Holz und Ziegelsteine sollten regelmäßig kontrolliert werden) gedeiht der Pilz unter der warmen Einstreu besonders gut. Weiterhin kann die Erregeraufnahme auch über kleinere Verletzungen der Haut erfolgen. Jungtiere können sich schon im Brutschrank mit der Aspergillose infiziert haben, wenn dieser unhygienisch betrieben wurde.

Behandlung: Bei erkrankten Tieren kann im Frühstadium eine Behandlung mit antimykotischen Mitteln wie Nystatin, Mycostatin oder Amphotericin B versucht werden. In vielen Fällen kommt aber jede Hilfe zu spät.

Äußerst wichtig sind deshalb vorbeugende Hygienemaßnahmen. Eventuelle Schimmelherde müssen unverzüglich beseitigt und die betroffene Fläche muss anschließend desinfiziert werden. Futter darf nicht in Plastiksäcken gelagert werden (Schwitzwasser). Auf gute, trockene, aber staubarme Stalleinstreu ist zu achten.

HILFE, MEINE ENTE IST KRANK!

CANDIDOSE

Der Hefepilz Candida albicans kommt überall in unserer Umwelt vor, auch auf den Schleimhäuten von Mensch und Tier. Solange sein Wirt gesund ist, richtet er keinen Schaden an. Ist das Immunsystem des Wirtes aber geschwächt, etwa durch ungünstige Haltungsbedingungen, Krankheit oder Stress, kommt der Pilz aus der Reserve, greift an und gewinnt schließlich die Oberhand.

Anzeichen: Die auch Soor genannte Erkrankung kann verschiedene Köperteile der Ente betreffen. Zum einen die Schnabelhöhle und zum anderen bei weiblichen Tieren den Legeapparat und bei männlichen den Penis.

Hell- bis dunkelgelbliche, schmierige Beläge auf den Bruteiern können ein Indiz für eine Candidose des Legeapparats sein. In fortgeschrittenem Stadium findet man zudem festere, weißlich-gelbe Absonderungen im Kot. Die Ente wirkt vor oder während der Eiablage angespannt und schmerzgezeichnet. Eine Candiose kann auch für eine akute Legenot verantwortlich sein.

Ist der Penis eines Erpels betroffen, führt dies zu schlechter oder gar keiner Befruchtungsfähigkeit. Unbehandelt kann es zu nekrotischen Veränderungen an Phallus und Kloake kommen, bis hin zum Penisvorfall und Absterben des Organs.

Für eine Candidose der Schnabelhöhle sprechen saurer Geruch aus dem Schnabel, kleine, runde, weiße oder weißlich-gelbe Bläschen – im Spätstadium schmierige, grauweiße bis braungraue Beläge – auf der Schleimhaut von Rachen und Schnabelhöhle sowie ein angeschwollener Kropf. Bei chronischem Verlauf sitzen um die Coanenspalte sowie an den Zungenrändern feste bräunliche Krusten. Beim Versuch, sie zu entfernen, treten Blutungen auf, da der Pilz schon in tiefere Schleimhautschichten vorgedrungen ist und diese zerstört hat.

Ursache: Schlechte Haltungsbedingungen, insbesondere unzureichende Stallhygiene und Überbesatz sowie zu häufige Verwendung von Antibiotika.

Behandlung: Behandelt wird wie bei der Aspergillose. Wichtig ist, dass alle Tiere eines Zuchtstammes behandelt werden. Bei fortge-

Gesunde Enten erkennt man unter anderem an ihrem aufmerksamen, wachen Blick.

schrittenem Stadium besteht selten Aussicht auf eine vollständige und dauerhafte Genesung des Tieres.

Parasitäre Erkrankungen

Parasitenbefall, ob äußerlich oder innerlich, kommt häufig in den Sommermonaten vor, denn die meisten dieser kleinen Plagegeister lieben es kuschelig und vermehren sich bei warmen Temperaturen prächtig. Eine Behandlung betroffener Tiere ist mit den geeigneten Mitteln in aller Regel gut möglich.

KOKZIDIOSE

Die mikroskopisch kleinen Darmparasiten spielen bei der Entenhaltung zwar eine weniger dramatische Rolle als bei der Hühnerhaltung. Sind die Bedingungen jedoch ungünstig (Platzmangel), können sie gerade bei Jungtieren zu empfindlichen Verlusten führen.

Anzeichen: Die betroffenen Tiere fallen durch Schwäche, Wachstumsverzögerungen und Durchfall auf. Der Kot hat oft eine weißgelbliche Farbe.

Ursache: Die Erreger vermehren sich in der Dünndarmwand und können hier zu schwersten Entzündungen und schließlich zum Tod der Jungtiere führen. Ältere Tiere entwickeln häufig eine Immunität. Da die Kokzidien für ihre Vermehrungszyklen in der Regel auch eine warme Außentemperatur benötigen, sind seuchenhafte Ausbrüche vor allem im Sommer beziehungsweise in warmen Innenställen zu erwarten.

Behandlung: Es stehen zahlreiche gut wirksame Antikokzidia zur Verfügung. Aber Vorsicht: Eine Reihe von Präparaten kann zwar bei Hühnern problemlos angewendet werden, Enten und Gänse vertragen die Mittel jedoch schlecht bis überhaupt nicht. Daher sollten Antikokzidia beim Wassergeflügel nur nach Rücksprache mit einem Tierarzt eingesetzt werden.

WURMBEFALL

Bei Enten werden neben Band- und Saugwürmern hauptsächlich Rundwürmer, hier insbesondere Magenwürmer, nachgewiesen. Diese Endoparasiten heften sich mit ihren Fixationsorganen (Saugnäpfe, Haken) an die Schleimhäute ihres Wirtes und ernähren sich von dessen Blut.

Saugwürmer sind unter 10 Millimeter groß. Die Mehrzahl besitzt neben dem Mundsaugnapf, der von einem Kopfkragen mit zahlreichen Stacheln umgeben ist, noch einen Bauchsaugnapf. Durch Festsaugen mit beiden Saugnäpfen haften diese Würmer an der Darmschleimhaut. An den Haftstellen treten Verletzungen auf, wenn die feinen Blutgefäße der Schleimhaut reißen.

Bandwürmer gehören zu den Plattwürmern, haben einen Kopfteil und sehen bei einer Länge von 12 bis 49 Zentimetern aus wie eine Gliederkette. Sie leben im Dünndarm. Ihre Eier gelangen mit dem Kot des Wirtstieres nach draußen und enthalten bereits eine Larve.

Magenwürmer sind 1 bis 2 Zentimeter lange, rötliche Fadenwürmer, die sich zwischen der Keratinoidschicht und der

Schleimhaut des Muskelmagens ansiedeln und dort für tief greifende Veränderungen sorgen, die eine erhebliche Beeinträchtigung der Verdauungsfunktion zur Folge haben. Durch die Verletzung der Magenschleimhaut kommt es zu Magenblutungen. Jungenten können schon ab der dritten Lebenswoche daran erkranken.

Ursachen: Eine Infektion erfolgt durch die Aufnahme von Wurmeiern oder -larven in einem kontaminierten Umfeld wie stehenden Gewässern, verschlammten Uferzonen, dauernassen Stellen im Auslauf oder schmutziger, feuchter Stalleinstreu.

Mit Saugwürmern infizieren sich Enten ausschließlich über Zwischenwirte, etwa bestimmte Schneckenarten, Muscheln oder Kaulquappen. Da Wasserlinsen im Sommer eine beliebte Futterquelle darstellen und diese oft mit Schnecken behaftet sind, können sich auf diesem Weg frei laufende Hausenten mit Saugwürmern infizieren.

Anzeichen: Tiere mit Magenwürmern sind schlapp, appetitlos und liegen viel. Des Öfteren ist ein Kopfschütteln in Verbindung mit Würgebewegungen zu beobachten. Der Kot kann durch Blutbeimengungen dunkel gefärbt sein.

Mit Bandwürmern befallene Enten haben aufgrund einer akuten Darmentzündung Durchfall und einen schwankenden Gang. Später treten Gleichgewichtsstörungen und Krämpfe auf. Jungtiere bleiben in der Entwicklung zurück.

Hochgradig mit Saugwürmern befallene Enten haben Durchfall, dem auch Blut beigemengt ist. Akut erkrankte Tiere weisen zentralnervöse Störungen, Krampfanfälle und Lähmungen auf, für die die toxischen Stoffwechselprodukte der Saugwürmer verantwortlich gemacht werden. Verdauungsstörungen und Blutverluste führen zu Schwäche und vor allem bei jüngeren Tieren zum Tod.

Behandlung: In Deutschland zugelassene Standardantiparasitika wie etwa Concurat L 10 %® können über das Trinkwasser verabreicht werden. Man sollte dann nur so viel Wasser geben, wie die Tiere an einem Tag trinken. Im Zweifelsfall empfiehlt sich eine Kotuntersuchung durch den Tierarzt; von ihm bekommen Sie auch das Medikament. Für Tiere, deren Eier zum Verzehr gedacht sind, haben Geflügelspezialisten besondere Medikamente vorrätig.

Vorbeugende Entwurmung

Bei Enten empfehlen sich zur Vorbeugung zwei Wurmkuren pro Jahr. Einmal im Januar, vor der Fortpflanzungsperiode, und einmal im Herbst. Während der Wurmkur sollte der Auslauf für drei Tage begrenzt und der Kot täglich abgesammelt werden. Anschließend wird der Stall gründlich gereinigt und der Stallboden gegebenenfalls gegen Wurmeier desinfiziert. Hierzu geeignet sind Desinfektionsmittel mit dem Wirkstoff Kresol.

BEFALL MIT AUSSENSCHMAROTZERN

Ektoparasiten befinden sich ständig oder nur zeitweise auf ihrem Wirtstier und ernähren sich von dessen Körpersubstanz. Die kleinen Plagegeister sind in der Regel mit bloßem Auge nicht zu erkennen. Besonders in der Sommerzeit vermehren sie sich schnell und können das Allgemeinbefinden betroffener Enten erheblich beeinträchtigen. Die Schadwirkung eines Befalls hängt von den Ernährungsgewohnheiten der jeweiligen Parasitenart ab. Auch befallen die Parasiten unterschiedliche Körperstellen.

Federlinge gehören zu den stationären Parasiten. Sie befinden sich permanent auf dem Wirt, vorzugsweise unter den Flügeln sowie im Kopf- und Halsbereich, wo sie sich von der Federsubstanz ernähren.

Rote Vogelmilben sind die bekanntesten Vertreter aus der Gruppe der Milben und kommen bei allen Geflügelarten vor. Sie werden von infizierten Wirtstieren eingeschleppt. Ein Befall tritt vorwiegend in der warmen Jahreszeit auf. Dann vermehren sich die Blutsauger so stark, dass es bei betroffenen Enten zu Todesfällen kommen kann. Rote Vogelmilben gehören zu den temporären Parasiten, das heißt, sie suchen ihren Wirt nur nachts im Stall auf und verlassen ihn wieder, wenn sie satt sind. Bei hoher Milbenpopulation können einige Parasiten auch permanent am Tierkörper (Schenkel oder Flügelbeuge sowie Schnabelwinkel) nachgewiesen werden.

Schmeißfliegen legen ihre Eier in Wunden, dort schlüpfen dann ihre Larven. Im Sommer müssen Verletzungen deshalb täglich kontrolliert werden.

Anzeichen: Kleine Beschädigungen im Deckgefieder (Löchern oder Kratzern ähnelnde, durchsichtige Stellen) weisen auf Federlinge hin. Sie sitzen meist an den Federunterseiten der Flügel, hier in den vielen feinen Ästen links und rechts des Federschaftes. Bei genauem Hinschauen erkennt man die weißen, länglichen flügellosen Insekten mit bloßem Auge. Bei stärkerem Befall leiden die Enten unter heftigem Juckreiz. Bei Massenbefall kann es zu Hautveränderungen und krustösen Ekzemen kommen.

Starke Unruhe und Schreckhaftigkeit, Abgeschlagenheit und Entwicklungsstörungen können durch Rote Vogelmilben verursacht werden. Der ständige Blutverlust führt zu einer Anämie (Blutarmut), die betroffenen Tiere magern stark ab. Die Rote Vogelmilbe ist tagsüber mithilfe einer Lupe als aschgrauer, teils auch rötlicher, beweglicher Befall in Ritzen, Fugen sowie unter losen Teilen der Stalleinrichtung gut zu erkennen. Drückt man mit dem Finger auf das Gewimmel, hinterlassen die zerdrückten Milben Blutspuren.

Ursachen: Haltungsfehler, Mangelernährung, ein schwaches Immunsystem, Krankheiten und eine vernachlässigte Gefiederpflege führen vor allem im Sommer schnell zu einer Massenvermehrung der Parasiten. Eine Infektion erfolgt durch den Kontakt von Tier zu Tier. Auf Schauen ist eine Übertragung durch die Gitterstäbe der Ausstellungskäfige möglich.

Behandlung: Geeignete Mittel zur Bekämpfung von Ektoparasiten gibt es beim Tierarzt. Damit können sowohl befallene Tiere als auch der Stall behandelt werden.

HILFE, MEINE ENTE IST KRANK!

Verletzungen

Verletzungen kommen auch bei bester Betreuung der Enten immer wieder einmal vor. Bei kleineren Wehwehchen kann der Halter leicht selbst Abhilfe schaffen. Im Folgenden finden Sie entsprechende Tipps für das richtige Vorgehen bei häufig auftretenden kleineren Problemen. Wenn es komplizierter wird, ist selbstverständlich der Tierarzt die richtige Adresse.

BALLENGESCHWULST

Steinige Ausläufe (grober Schotter, scharfkantiger Kies) können besonders an den Füßen schwerer Tiere Druckstellen oder kleinere Verletzungen durch eingetretene Steine verursachen. Die Enten humpeln dann und belasten den betroffenen Fuß nur vorsichtig. An den Zehengelenken oder am Fußballen zeigen sich teils dunkel verfärbte punktuelle Vertiefungen oder Auftreibungen.

Verlust von Federn ist kein Drama. Sie wachsen, wie hier zu sehen, wieder nach. (Foto: Marion Bohn-Förder)

Akuter Ballenabszess

Tief eingetretene Steinchen oder Fremdkörper führen oft zu einem akuten Abszess. Der entzündete Ballen ist dann prall geschwollen und die Ente braucht einen Tierarzt. Er wird den Abszess fachgerecht spalten, ausräumen und nachbehandeln.

Die schmerzende Stelle wird am besten mit Kernseifenlauge gereinigt und anschließend gründlich getrocknet. Gute Erfahrungen haben wir auch mit Prontosan®-Wundspülung gemacht. Anschließend trägt man zweimal täglich eine Zink-Lebertran-Salbe auf. Ein Verband polstert den verletzten Fuß und erleichtert der Ente das Laufen. Hierzu werden Mullkompressen mit Salbe auf die entzündete Stelle gelegt und mit Panzerband fixiert. Der Verband muss trocken bleiben und täglich gewechselt werden.

PENISVORFALL

Für diese meist irreparable Erkrankung sind in erster Linie äußere Einflüsse verantwortlich. Der Penis hängt nach der Begattung wenige Sekunden hinab, bevor er sich allmählich zurück in die Bauchhöhle rollt. In dieser kurzen Zeit kann viel passieren, etwa Bissverletzungen durch Geschlechtsgenossen oder Festfrieren am Boden bei starker Kälte. Diese Schädigungen bieten bakteriellen Erregern eine ideale Eintrittspforte. So kann sich eine mehr oder weniger chronisch verlaufende Entzündung entwickeln, die zu hochgradigen nekrotischen Veränderungen des Penis bis hin zu dessen Absterben führen kann. Im Spätstadium kommt es auch zu weißlichen, nekrotischen Gewebewucherungen im gesamten Kloakenbereich.

Sind die Läsionen klein und frisch, können sie mit einer Wundsalbe (Panolog®) versorgt werden. Bei infizierten tieferen Verletzungen und andauerndem Penisvorfall kann man es mit Lebertran-Sulfonamid-Salbe versuchen. Eine Amputation des Penis ist dennoch häufig unvermeidlich. Sind bereits tiefere nekrotisierende Prozesse eingetreten, ist das Tier möglicherweise verloren.

VERLETZUNGEN AN FRISCHEN FEDERKIELEN

Vor allem, wenn zwei Erpel sich „duellieren", kann es des Öfteren vorkommen, dass frische Handschwingenfedern an ihrer Spule (unterer Teil des Federkiels) abbrechen. Dann wird's mitunter etwas blutig, weil es zu lang anhaltenden, tröpfelnden Blutungen aus der noch in der Flügelhaut steckenden Restspule kommt. Der innen durchlässige Federkiel wirkt wie ein Dränageröhrchen, durch das das Blut aus der mit ihm verbundenen Arterie entweicht.

Beschädigte, blutende Kiele werden mithilfe einer Zange komplett aus dem Flügel gezogen, um die Butung rasch zum Stillstand zu bringen. Anschließend desinfiziert man die Wundkanäle mit Betaisodona®-Lösung und drückt sie gegebenenfalls für kurze Zeit ab, bis die Blutung gestillt ist.

ABGERISSENE KRALLE

Eine derartige Verletzung blutet zunächst heftig und länger andauernd. Am besten drückt man eine Zeit lang blutstillende Watte drauf. Oft stößt der Vogel sich aber genau an derselben Stelle wieder, was eine erneute Blutung auslöst. Aber keine Panik: Es heilt von selbst ab, auch wenn das etwas länger dauern kann.

KNOCHENBRÜCHE

Sitzt die Ente ruhig da und lässt sich auch nicht aufscheuchen, kann ein gebrochenes Bein der Grund für ihr Verhalten sein. Gebrochene Flügelknochen sind häufig verdreht und hängen schlaff herunter. In beiden Fällen braucht die Ente dringend einen Tierarzt. Bei eher unkomplizierten, geschlossenen Frakturen sind die Heilungschancen in der Regel gut, wenn es gelingt, die Bruchenden ordnungsgemäß aufeinanderzulegen und zu fixieren. Das muss aber unter Röntgenkontrolle von einem Tierarzt durchgeführt werden. Einen gebrochenen Flügel wird dieser nach vorherigem

Aufeinanderlegen der Bruchenden am Körper fixieren, indem er eine geeignete Binde vor den Beinen über den Körper und um beide Flügel führt – den Vogel also quasi komplett umwickelt. Das ist notwendig, um eine ausreichende Ruhigstellung des Flügels zu gewährleisten.

Bei offenen Frakturen kann es zu Komplikationen durch eindringende Erreger kommen, die eine begleitende Antibiotikabehandlung erforderlich machen.

Tiere mit Frakturen müssen im Anschluss an die Behandlung getrennt von den Artgenossen in einem Stall gehalten werden und dürfen keinen Zugang zu größeren Wasserbehältnissen haben. Die Heilung erfolgt in der Regel innerhalb von zwei bis drei Wochen. Nach dieser Zeit kann der Verband entfernt werden. Die Ente sollte noch einige Tage die Gelegenheit haben, das betroffene Glied wieder zu bewegen, ehe sie in den Bestand zurückgesetzt wird. Ein geheilter Flügel wird mitunter noch bis zu drei Monate herabhängen. So lange kann es dauern, bis die durch die Ruhigstellung erschlaffte Muskulatur wieder aufgebaut wurde und kräftig genug ist um den Flügel in seiner ursprünglichen Position zu halten.

Kropfverstopfung und Schlundverstopfung

Fremdkörper, verdorbenes Futter, trockene Futterpellets in Verbindung mit zu wenig Trinkwasser, Kartoffelschalen, zu große Futterstücke, Rasenschnitt und gegorenes, pilzbelastetes Kompostmaterial können zu einer Kropfverstopfung führen. Auch Parasitenbefall mit Luftröhrenwürmern ist eine mögliche Ursache. Erschwerte Atmung mit offenem Schnabel, übler Geruch aus dem Schnabel und ein deutlich angeschwollener Kropf sind typische Anzeichen für dieses Problem. Manche Tiere reißen den Schnabel auf und schütteln dabei verneinend mit dem Kopf, als wollten sie das Festsitzende hinausschleudern. In hartnäckigen Fällen kann nur der Tierarzt helfen, der im Notfall entweder eine Kropfspülung oder einen Kropfschnitt vornimmt.

Bei einer Schlundverstopfung durch Futterpellets hilft es, der Ente mehrmals schlückchenweise Wasser mit einer Einwegspritze einzugeben und den Hals mit sanften, abwärtsgerichteten Bewegungen in Richtung Kropf zu massieren. Dann weichen die Pellets allmählich auf und können abgeschluckt werden. Schlundverstopfungen kommen meist bei sehr jungen Küken vor, wenn diese zu gierig sind und die Pellets hinunterschlingen, ohne dabei genügend Wasser aufzunehmen.

Vergiftungen

Vergiftungen durch Mäuse- oder Rattengift sind leider gar nicht so selten. Wird die Aufnahme eines Giftköders bemerkt, muss unverzüglich Vitamin K1 vom Tierarzt injiziert werden. Unbemerkt kommt jede Hilfe zu spät.

Auch Bleivergiftungen sind möglich, wenn die Enten in Freigewässern beim Gründeln Bleischrot aufnehmen, der dann zu schleichenden chronischen Vergiftungen führen kann.

VERGIFTUNGEN

Sogenannte Xenobiotika, dazu gehören Düngergranulat, Schneckenkorn, Insektizide und Unkrautvernichter, stellen für Enten ebenfalls eine tödliche Gefahr dar, wenn sie versehentlich Zugang zu diesen haben und sie aufnehmen.

Undurchsichtige Tümpel oder dauerhafte Wasserlachen, die unmittelbar an landwirtschaftlich genutzten Flächen angrenzen, können mitunter Spuren von Agrochemikalien enthalten. Das ist insofern für Enten gefährlich, weil diese Schadstoffe das Wachstum bestimmter toxinhaltiger Algen fördern. Wenn Enten das im Wasser gelöste Toxin, aber auch die Algen selbst aufnehmen, kommt es zu einer Vergiftung.

Vergiftungen durch Pflanzen sind hingegen selten, da Enten für sie ungenießbares Grünzeug in der Regel instinktiv meiden. Dennoch kommen sie immer mal wieder vor, meist im Frühjahr, wenn die Enten sich mit Heißhunger aufs erste Grün stürzen, oder auch auf dauerbelegten größeren Ausläufen, wenn hier die Auswahl an Grünzeug nachlässt. Eine nicht zu unterschätzende Gefahr stellt, gerade für neugierige Küken

Mithilfe ihrer Schnabellamellen, die wie ein Seihapparat wirken, filtern Enten Kleinlebewesen und Mineralien aus dem Erdreich.

oder Jungenten, der auch als Butterblume bekannte Hahnenfuß dar.

Klinische Symptome einer Vergiftung können sein: vermehrter Durst, Futterverweigerung, Erbrechen, teils blutiger Durchfall, fortschreitende Schwäche, Taumeln, Kreisbewegungen und verkrampftes Rückwärtslaufen unter unkoordinierten Flügelschlägen. Betroffene Tiere bekommen außerdem zusehends Atemnot und schnappen durch den geöffneten Schnabel nach Luft. In akuten Fällen folgen Krämpfe, Koma und schließlich der Tod.

Bei Verdacht auf eine Vergiftung muss die Ente schnellstens zum Tierarzt. In akuten Fällen ist das Tier jedoch meist verloren.

Wenn Enten Federn verlieren

Das Gefieder der Ente bildet einen wichtigen Wärmeschutz. Zwischen der Haut und den einzelnen Federn entsteht eine isolierende Luftschicht, die gewährleistet, dass die ziemlich hohe Körpertemperatur (sie liegt bei 41 bis 42 Grad) konstant gehalten wird. Aber nur ein intaktes, unbeschädigtes Federkleid bietet auch Schutz. Deshalb sorgt Mutter Natur dafür, dass bei der sogenannten Mauser zweimal jährlich das verwitterte, abgenutzte Federkleid erneuert wird. Alttiere wechseln ihr Federkleid nach Abschluss ihrer Reproduktionsperiode vollständig. Wie stark und wie lang gemausert wird, ist unterschiedlich und auch vom einzelnen Tier abhängig. Das Federkleid wird nie auf einmal, sondern nach und nach erneuert, insgesamt dauert dieser Vorgang etwa 60 Tage. Die Mauser kostet den Organismus einiges an Kraft, weshalb sich die Enten während dieser Zeit in einem labilen Zustand befinden und weniger widerstandsfähig gegen Krankheitserreger sind. Die zweite Mauser findet im Herbst statt.

In der Regel verläuft eine Mauser störungsfrei. Wenn das Nachwachsen der neuen Federn ins Stocken gerät, steckt häufig eine Erkrankung oder ein Vitaminmangel dahinter. Auch Wurmkuren und verschiedene andere, während der Mauser verabreichte Medikamente können zu Entwicklungsstörungen des Gefieders, zu Farbveränderungen und zu Veränderungen am Federkiel (Spaltungen, Verdrehungen, verkümmerte Nebenäste) führen. Vitaminpräparate mit Aminosäuren wie Alamin® oder Avi Concept® haben sich bei Mauserstörungen bewährt.

WENN ENTEN FEDERN VERLIEREN

ANHANG

Was Sie noch wissen sollten

Bestandsbuch:
Das Führen eines Bestandsbuches ist für jeden Entenhalter Pflicht, selbst wenn man nur einen einzigen Zuchtstamm hält. Hier wird der Tierbestand mit allen Zu- und Abgängen zeitnah erfasst.

Bundesringe:
Wenn Sie Nachzucht von Ihren Enten planen, lohnt sich eine Mitgliedschaft in einem Rassegeflügelzuchtverein. Hier bekommen Sie alljährlich Bundesringe für die Küken. Beringte Enten lassen sich besser verkaufen.

Eikünstler:
Ausgeblasene Enteneier kann man schön bemalen. Auf Ostereiermärkten finden Sie tolle Anregungen. Dort treffen Sie auch Eikünstler, die eventuell Interesse an ausgeblasenen Rohlingen haben.

Entenbraten:
Wer seine Enten teilweise auch verzehren, aber nicht selbst schlachten möchte, kann die Tiere zu einer Lohnschlachterei bringen. Dort bekommt man für wenige Euro seine Enten küchenfertig zurück. Erkundigen Sie sich im Geflügelzüchterverein.

Eierverzehr:
Wer Enteneier essen möchte, ist mit einer Legerasse gut beraten. Frische, saubere Enteneier halten im Kühlschrank 28 Tage. Die Eier müssen vor dem Verzehr mindestens 10 Minuten lang erhitzt werden. Zum Kuchenbacken eignen sie sich gut. Der grünlich blaue Dotterrand bei hart gekochten Eiern wird häufig als Zeichen für zu alte Eier angesehen. Das ist jedoch falsch. Die Verfärbung des Dotters hängt lediglich mit der Kochdauer zusammen.

Rassegeflügelzucht:
Sollten Sie in die Rassegeflügelzucht einsteigen wollen, ist der Bund Deutscher Rassegeflügelzüchter (BDRG) Ihre Anlaufstelle. Deutschlandweit ist er mit örtlichen Geflügelzuchtvereinen vertreten. Natürlich gibt es nicht in jeder Ortschaft einen Verein, aber in der näheren oder etwas weiteren Umgebung ist mit Sicherheit einer ansässig. Im Infoheft des BDRG sind alle Kreisverbände in Deutschland aufgeführt und auch auf der Homepage des BDRG (www.bdrg.de) findet man entsprechende Adressen.

Registriernummer:
Wer Enten hält, muss dies beim Veterinäramt des Kreises anzeigen. Hier erfahren Sie auch die zuständige Stelle, die eine Registriernummer vergibt. Zeitgleich müssen die Tiere bei der Tierseuchenkasse angemeldet werden.

Danke

Nun sind wir bei den letzten Zeilen unseres Buches angekommen und möchten an dieser Stelle gern Danke sagen. Als Erstes unserer Lektorin Maren Müller, die uns nach „Liebenswerte Langhälse", einem Sachbuch über die Gänsehaltung von Marion Bohn-Förder, für dieses Entenbuch ins Boot holte. Wie gewohnt ließ sie uns als Autoren Freiraum für eigene Kreativität. So macht Schreiben Spaß – vielen Dank!

Ein ganz großes DANKESCHÖN möchten wir Dr. med. vet. Matthias Görlach aussprechen, der wesentlich zum Gelingen des Kapitels über die Krankheiten beigetragen hat.

Danke außerdem an Silke Brockhusen, Christiane Jenewein-Stille, Dr. Tobias Schott und Bernd Feige für die tollen Fotos, an Hartwig Storkebaum für seine Insidertipps, an meinen Mann Roland für die fachliche Unterstützung im Fütterungskapitel und, last but not least, an Sie, liebe Leser, dafür, dass Sie sich für unser Buch entschieden haben. Wir wünschen Ihnen allzeit viel Freude mit Ihren Enten und sagen: „Tschüss!"

ANHANG

Literatur

BÜCHER

Dr. A. F. Anderson Brown
Kunstbrut
Schaper, 1988

Dr. H. Franke
Neuzeitliche Tierzucht
DLG-Verlag, 1965

Konrad Lorenz
Hier bin ich – wo bist du?
Piper, 1988

Wener Lüttgen
Wassergeflügelkrankheiten
Oertel + Spörer, 2002

Heinz Pingel
Die Hausenten
Ziemsen, 1989

ZEITSCHRIFTEN

Geflügel-Börse
Verlag Jürgens GmbH
www.gefluegel-boerse.de

Geflügel Zeitung
www.gefluegelzeitung.de

Adressen

VEREINE UND VERBÄNDE

Bund Deutscher Rassegeflügelzüchter
www.bdrg.de

Verband der Hühner-, Groß- und Wassergeflügelzuchtvereine zur Erhaltung der Arten- und Rassenvielfalt e.V.
www.vhgw.de

SV Entenzüchter
www.enten-sv.de

Rassenzuchtverband Österreichischer Kleintierzüchter (Sparte Geflügel)
www.rassegeflügel.at

Schweizerischer Rassegeflügelzuchtverband
www.kleintiere-schweiz.ch

WEITERE NÜTZLICHE ADRESSEN

Dr. med. vet. Matthias Görlach
www.drgoerlach.de

Grit/Muschelschalenschrot
(Oestergrit 1–2,5 mm)
www.vde-shells.com

Desinfektion/Bekämpfung von Ektoparasiten
www.reimers.biz

Stichwortregister

Alarmlaut 17
Altrheiner Elsterente .... 20 f.
Amerikanische Pekingente .... 21 f., 25
Angstruf .... 14 f.
Aspergillose 113
Aufbruchlaut 16
Augenentzündung 111
Aylesburyente .... 22 f., 42, 63
Bademöglichkeit, künstlich angelegte 51
Ballengeschwulst 118
Blinddarmkot 98
Botulismus .... 108 ff.
Brutbox .... 67 f.
Brütigkeit 72
Brutmaschine 21, 25, 35, 67, 69, 71 f., 76, 78, 83 f.
Bürzeldrüsenentzündung .... 112 f.
Candidose 114
Cayugaente .... 23 f.
Coanenspalte 98, 114
Derzsysche Krankheit 102
Deutsche Campbellente .... 24 f., 37, 41
Deutsche Pekingente .... 25 f., 42
Einstreu .... 55 f., 60, 67 ff., 85, 88, 90, 98,
.... 104, 106, 113, 116
Enteninfluenza .... 104 f.
Entenpest .... 102 ff.
Erste Hilfe 101
Federkiele, verletzte 119
Federlinge .... 117 f.
Fütterung in der Legeperiode .... 59 f.
Fütterung, Jungtiere 59
Fütterung, Küken .... 58 f., 88 f.
Getreidemischung 57
Gimbsheimer Ente 26
Greifvögel 49, 91
Grit 60, 74
Hängeflügel .... 96 f.
Hochbrutflugente .... 27 f., 34, 42
Inzucht 97
Kippflügel .... 96 f.
Knochenbrüche .... 119 f.
Kokzidiose 115
Kolibakterien .... 106 f.
Kontaktlaut .... 15 f.
Kralle, abgerissene 119
Krummschnabelente .... 28 f.
Kunstbrut .... 21, 23, 32, 36, 37, 38, 42, 71, 76 ff.

Lagerung von Bruteiern 70
Landente .... 29 f., 33, 35
Laufente .... 22, 24, 30 f., 37, 42, 64, 68
Legenest 67
Lockruf .... 14 f., 91
Mauser 76, 122
Naturbrut .... 37, 38, 39, 69, 71, 72 ff., 78, 81
Nestei 69, 72
Ornithose 110
Orpingtonente .... 24, 31 f. 36, 42
Overberger Ente .... 32 f.
Parvovirose 102
Penisvorfall 119
Pommernente .... 33 f., 36, 42
Portionsweide 46
Quarantäne .... 95 f.
Rangordnungskämpfe 17
Ratten 98, 104
Raubtiere 14, 28, 45, 48, 54, 71
Reinigung von Bruteiern .... 69 f.
Rote Vogelmilben .... 117 f.
Rouen-Clair-Ente 34, 35
Rouenente 35, 36, 42
Sachsenente .... 35 f.
Salmonellose .... 107 f.
Schattenplätze 46
Schlundverstopfung 120
Schlupf .... 14, 15, 19, 58, 67, 70, 71, 73 ff., 79 f.,
.... 83 ff., 87 f., 95, 108
Schmeißfliegen .... 117 f.
Smaragdente .... 36 f.
Soor 114
Staphylokokken .... 105 f.
Streptokokken .... 105 f.
Teiche .... 52 f.
Tretakt .... 17, 21, 52, 64 ff., 72
Trinkwasser 31, 33, 45, 49 f., 61, 89, 105, 116, 120
Vergiftungen .... 120 ff.
Virushepatitis 104
Warzenente .. 16 f., 30, 38 f. 42, 43, 46, 51, 68, 72,
.... 74, 80, 86 f., 91, 102
Weichfutter 24, 37, 57, 59, 61
Weinen .... 14 f.
Welsh-Harlekin-Ente .... 40 f.
Wohlfühllaut .... 15 f.
Wurmbefall .... 115 f.
Zäune .... 47 ff.
Zoonose 105, 108, 110
Zuchtkondition 64
Zuchtstämme 63, 87, 97, 114, 124
Zwergente .... 41 f., 43, 48

...das liebe Landleben!

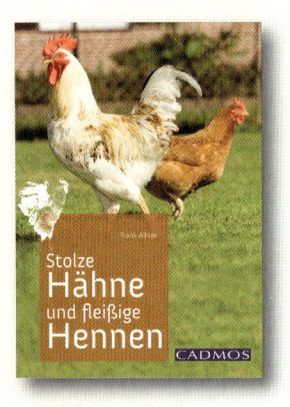

Frank Allmer
Stolze Hähne und fleißige Hennen

80 Seiten
farbig, broschiert
ISBN 978-3-86127-674-6

Marion Bohn-Förder
Liebenswerte Langhälse e-book

128 Seiten
farbig, broschiert
ISBN 978-3-8404-3010-7

Jessica Rohrbach
Laufenten e-book

128 Seiten
farbig, broschiert
ISBN 978-3-8404-3024-4

Hanna Renz
Rund ums Ei

144 Seiten
farbig, gebunden
ISBN 978-3-8404-3511-9

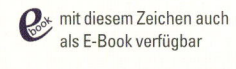

Karin Hochegger
Der bäuerliche Gemüsegarten

128 Seiten
farbig, Klappenbroschur
ISBN 978-3-8404-3018-3

Dr. Dr. Kai Frölich/Susanne Kopte
Alte Nutztierrassen e-book

128 Seiten
farbig, broschiert
ISBN 978-3-8404-2023-8

e-book mit diesem Zeichen auch als E-Book verfügbar

www.avbuch.at
avBUCH

avBuch im Cadmos Verlag GmbH
Möllner Straße 47 · 21493 Schwarzenbek

www.cadmos.de
CADMOS